CATALOGUE DE LA BIBLIOTHÈQUE

DE LA

SOCIÉTÉ DES ÉTUDES INDO-CHINOISES

Août 1897

SAIGON
Imprimerie Commerciale REY, CURIOL & Cie
—
1897

CATALOGUE DE LA BIBLIOTHÈQUE

DE LA

SOCIÉTÉ DES ÉTUDES INDO-CHINOISES

Août 1897.

1re Partie. — LIVRES

Nos	TITRES DES OUVRAGES	AUTEURS	ANNÉES	TOMES	ÉTAT *
	Agriculture. — A. : Généralités.				
1	Agriculture des terrains pauvres.....	Lavergne.	1863		R
	Le colon et l'Administration en Basse-Cochinchine par M. Paris (Voir : Indo-Chine).				
2	Comptabilité et géométrie agricoles...	Lefour.			R
3	Congrès agricole de Lyon (Société des Agriculteurs de France).		1869		R
4	Cours d'agriculture...............	Gasparin.		1	R
5	Id.	id.		2	R
6	Id.	id.		3	R
7	Id.	id.		4	R
8	Id.	id.		5	R
9	Id.	id.		6	R
10	Cours de culture de Thouin, publié par.	Leclerc.	1845	1	R
11	Id.	id.		2	R
12	Id.	id.		3	R
13	Encyclopédie pratique de l'agriculteur.	Moll.	1859	1	R
14	Id.	Moll et Gayot.	id.	2	R
15	Id.	id.		3	
16	Id.	id.		4	R
17	Id.	id.		5	
18	Id.	id.		6	R
19	Id.	id.		7	R
20	Id.	id.		8	R

(*) **R** : Relié. — **B** : Broché. — Les places laissées en blanc indiquent que l'ouvrage manque.

Nos	TITRES DES OUVRAGES	AUTEURS	ANNÉES	TOMES	ÉTAT
21	Encyclopédie pratique de l'agriculteur.	Moll et Gayol.	1859	9	R
22	Id.	id.		10	
23	Id.	id.		11	R
24	Id.	id.		12-13	R
25	Le livre de la ferme et des maisons de campagne..................	Joigneaux.		2	R
26	Maison rustique : *Agriculture proprement dite*..................	Bailly-Bixio et Malepeyre.		1	
27	Maison rustique : *Cultures industrielles et animaux domestiques*.........	id.		2	
28	Maison rustique : *Arts agricoles*.....	id.		3	R
29	Id. *Agriculture forestière ; législation et administration rurales*..................	id.		4	R
30	Maison rustique : *Horticulture ; travaux du mois pour chaque culture spéciale*..................	id.		5	R
31	Manuel pratique des cultures tropicales.	Sagot et Raoul.	1894		R
32	Recherches expérimentales sur la végétation..................	G. Ville.	1868	1	R
	Recueil de textes pour les planteurs (Voir : *Législation*.)				
33	Le Théâtre d'agriculture...........	Ol. de Serres.	1805	1	R
34	Id.	id.		2	R
35	Petit traité d'agriculture tropicale....	Nicholls et Raoul.	1895		R
	La main-d'œuvre aux colonies (Voir : *Législation*).				
	(A consulter aussi les journaux d'agriculture, annales agronomiques, etc.)				
36	Catalogue des principaux produits de l'Inde dont la culture réussirait au Cambodge et en Cochinchine......	Tardivel.	1881		B
37	Travaux de la Station agronomique de Grignon..................	Déhérain.	1889		B
38					
39					
40					
41					
42					
43					
44					
45					
46					
47					
48					
49					

Nos	TITRES DES OUVRAGES	AUTEURS	ANNÉES	TOMES	ÉTAT
	B — Animaux, bétail, apiculture, pisciculture, sériciculture.				
50	Les animaux domestiques au Soudan et au Tonkin................	Bourgès.	1893		R
51	Apiculture................	Hamet.	1866		R
52	Économie du bétail : *cheval, âne, mulet institutions hippiques.*	Sanson.	1867		R
53	id. : *Bœuf, mouton, chèvre, porc.*	id.	1867		R
54	id. : *Principes généraux de la zootechnie*..........	id.	1866		R
55	Éducation lucrative des oies et des canards................	Marius Didieux	1864		R R
56	Multiplication des poissons.........	Fraiche.			R
57	Le porc.................	Heuzé.			R
58	Notice sur la culture du ver à soie...	Vossion.	1893		B
59	La nouvelle sériciculture..........	Delpino.	1867		R
	Rapport sur la sériciculture *(compris dans le volume, Mélanges I)*......	Ponchon.	1888		R
60	Traité de l'éducation des vers à soie et de la culture du mûrier.........	Bonafous.	1840		R
	Soie (Voir : *Industries*).				
61	Vaches laitières et espèce bovine en général.................	Guenon.	1864		R
62	Le Vétérinaire pratique..........	Hocquart.			B
63	Recueil de médecine vétérinaire. ...		1869		R
64	Bulletin de la Société centrale de médecine vétérinaire.		1869		R
65	Recueil id.		1870		R
66	Bulletin id.		1870		R
67	Recueil id.		1871		R
68	Recueil id.		1872		R
69	Bulletin id.		1872		R
70	Recueil id.		1873		
71	Bulletin id.		1873		
72	Recueil id.		1874		Incompl.
73	Bulletin id.		1874		B
74	Recueil id. / Bulletin id.		1875 / 1875		R
75	Recueil id. / Bulletin id.		1876 / 1876		R
76	Recueil id. / Bulletin id.		1877 / 1877		R
77	Recueil id. / Bulletin id.		1878 / 1878		R
78	Recueil id. / Bulletin id.		1879 / 1879		R
79	Recueil id. / Bulletin id.		1880 / 1880		R

Nos	TITRES DES OUVRAGES	AUTEURS	ANNÉES	TOMES	ÉTAT
80	Recueil de la Société centrale de médecine vétérinaire.		1881		R
	Bulletin id.		1881		
81	Recueil id.		1882		R
	Bulletin id.		1882		
82	Recueil id.		1883		R
83	Bulletin id.		1883		R
84	Recueil id.		1884		
85	Bulletin id.		1884		
86	Recueil id.		1885		
87	Bulletin id.		1885		
88	Recueil id.		1886		R
89	Bulletin id.		1886		R
90	Recueil id.		1887		R
91	Bulletin id.		1887		R
92	Recueil id.		1888		R
	Bulletin id.		1888		
93	Recueil et Bulletin id.				
94	Recueil et Bulletin id.		1889		R
95	Recueil id.		1889		R
	Bulletin id.		1890		R
96	Recueil id.		1890		
	Bulletin id.		1891		R
97	Recueil id.		1891		
98	Bulletin id.		1892		R
99			1892		R
100			1893		
101			1893		
102					
103					
104					
105					
106					
107					
108					
109					
110					
111					
112					
113					
114					
	Maison rustique (Voir n° 27).				
115	Un nouveau séricigène originaire du Mexique............	Grisard et V.D. Berghe.			B
116	La maladie des vers à soie (Voir aussi : Industries)................	Duseigneur.	1870		B
117					
118					

Nos	TITRES DES OUVRAGES	AUTEURS	ANNÉES	TOMES	ÉTAT
119					
120					
121					
122					
123					
124					
125					
	C. — Arbres. — Bois. — Forêts. — Sylviculture.				
126	Aménagement des forêts............	Nanquette.	1860		R
127	Aménagement des forêts............	Parade.			
128	Culture des bois	Lorentz.	1867		R
129	Culture et taille des mûriers........	Seringe.	1855		R
130	Projet de mise en valeur du domaine forestier de la colonie............	Henry.	1891		B
	Maison rustique (Voir no *29*).				
	L'arbre à laque (Voir : *Industries*).				
131	Les noyers américains.............	Decroix et Grisard.			B
132	Les goyaviers.....................	Grisard.	1888		B
133	Le courbaril.....................	Grisard et Van- den Berghe.			B
134	Les principales essences forestières de la Nouvelle-Zélande *(Catalogue)*...	id.			B
135					
136					
137					
138					
139					
140					
141					
142					
143					
144					
145					
	D. — Habitation				
146	Enquête sur les conditions de l'habitation en France..................	De Foville.	1894		R
147					
148					
149					
150					
151					
152					

Nos	TITRES DES OUVRAGES	AUTEURS	ANNÉES	TOMES	ÉTAT
	E. — Jardins — Horticulture. — Fleurs. — Fruits.				
155	La culture potagère au Tonkin	Martin.	1890		B
156	Le bon jardinier *(almanach horticole)*.		1871		R
157	Id. id.		1871-72		R
158	Manuel de l'amateur des jardins	Decaisne et Naudin.		1	R
159	Id.	id.		2	R
160	Id.	id.		3	R
161	Traité complet des fruits	Couverchel			R
162	Maison rustique *(Voir n° 30)*.				
163					
164					
165					
166					
167					
168					
169					
	F. — Plantes. — Arbustes. — Cultures industrielles.				
	(Voir complément à : *Industries*).				
170	Culture du caféier	Raoul et Sagot.	1894		B
171	Manuel pratique des cultures tropicales et des plantations des pays chauds : Culture du caféier	Raoul et Darolles.			B
172	La Vanille *(sa culture et sa préparation)*	Delteil.	1884		
	Traité pratique de la culture du café (Madagascar)	Rigaud.	1896		R
	Culture du cacaoyer (Guadeloupe)	Dr P. Guérin.	1896		
173	Culture de la canne à sucre	Basset.	1889		B
174	Culture du coton	Sicard.	1866		R
175	Id.	de Rohr.	1807		R
	Du coton, du chanvre et du lin, etc. (Voir : *Industries*).				
176	De la culture du coton en Égypte	Grégoire.			B
177	Culture de l'indigotier	Esquer.	1876		B
	Art de l'indigotier (Voir : *Industries*).				

Nos	TITRES DES OUVRAGES	AUTEURS	ANNÉES	TOMES	ÉTAT
178	Culture et industrie du jute............		1893		B
179	Culture du riz en Italie..............	de Gregory.	1818		R
180	Culture du tabac.................	Dauphiné.			R
181	Note sur la culture du tabac *(du Comité agricole)*.................		1876		B
182	Notice sur la ramie................	Grisard et Vanden Berghe.			B
183	Les produits coloniaux : les textiles ...	id.			B
184	Note sur quelques plantes industrielles, médicinales et agricoles..........	id.			B
185	Les plantes fourragères..	Heuzé.		1	R
186	Les plantes industrielles............	id.		2	R
187	Flore élémentaire des jardins et des champs........................	Lemaout et Decaisne.		1	R
188	La mer des Sargasses : analyse du varech nageur ou raisin des tropiques...........................	Corenwinder.	1866		B
189	Le café d'Annam.................	Paris.			B
190					
191					
192					
193					
194					
195					
196					
197					
198					
199					

G. — Sol et engrais.

Nos	TITRES DES OUVRAGES	AUTEURS	ANNÉES	TOMES	ÉTAT
200	Amendements et engrais............	Martin.			R
201	Les assolements et les systèmes de culture..	Heuzé.			R
202	Drainage des terres arables.........	Barral.	1862	1	R
203	Id.	id.	—	2	R
204	L'Ecole des engrais chimiques.......	G. Ville.	1869		R
205	Les engrais chimiques.............	id.	1868	2	R
206	Les matières fertilisantes *(engrais, etc.)*.	Heuzé.	1861		R
207					
208					
209					
210					
211					
212					
213					
214					

N°s	TITRES DES OUVRAGES	AUTEURS	ANNÉES	TOMES	ÉTAT
	Armée. — Marine. — Guerres. — Expéditions.				
	(Voir complément à : *Indo-Chine*).				
215	L'armée coloniale au point de vue de l'hygiène pratique............	Dr Reynaud.	1892		R
216	L'expédition française de Formose...	Capit. Garnot.	1894		R
	Atlas de Formose *(Voir : Géographie)*.				
217	Nos marins...................	El. Tréfeu.	1888		R
	Code de justice militaire, etc. (Voir : *Annamite*).				
	Expédition française en Cochinchine (Voir : *Indo-Chine*).				
218					
219					
220					
221					
222					
223					
224					
225					
226					
227					
228					
229					
	Bibliographie.				
230	Bibliographie de la France *(Journal général de l'imprimerie et de la librairie)*........		1872		R
231	Id.		1873		R
232	Id.		1874		R
233	Id.		1875		R
234	Id.		1876		R
235	Id.		1877		R
236	Id.		1878		
237	Id.		1879		R
238	Id.		1880		R
239	Id.		1881		R
240	Id.		1882		R
241	Id.		1883		R
242	Id.		1884		R
243	Id.		1885		B
244	Id.		1886	1er Se	R
245	Id.		1886	2e Se	R
246	Id.		1887	1er Te	R
247	Id.		1887	2e Te	R

Nos	TITRES DES OUVRAGES	AUTEURS	ANNÉES	TOMES	ÉTAT
248	Bibliographie de la France (*Journal général de l'imprimerie et de la librairie*)		1887	2e Se	
249	Id.		1888	1er Te	R
250	Id.		1888	2e 3e 4e T.	R
251	Id.		1889	1re Se	B
252	Id.		1889	2e Se	B
253	Id.				
254	Id.				
255	Chronique du *Journal général de l'imprimerie et de la librairie*		1872		R
256	Id.		1873-75		B
257	Id.		1876-82		B
258					
259					
260	Feuilleton du *Journal général de l'imprimerie et de la librairie*		1872		R
261	Id.		1873		R
262	Id.		1873		R
263	Id.		1874		R
264	Id.		1874		R
265	Id.		1875		R
266	Id.		1875		R
267	Id.		1876		R
268	Id.		1876		R
269	Id.		1876-77		R
270	Id.		1877		R
271	Id.		1878		R
272	Id.		1878		R
273	Id.		1878		R
274	Id.		1879		R
275	Id.		1879		R
276	Id.		1880		R
277	Id.		1880		R
278	Id.		1881		R
279	Id.		1881		R
280	Id.		1882		R
281	Id.		1882		R
282	Id..		1882		R
283	Id.		1883		R
284	Id.		1883		R
285	Id.		1884		R
286	Id.		1884		R
287	Id.		1884		R
288	Id.		1885		R
289	Id.		1885		R
290	Id.		1885		R
291	Id. (Livres d'étrennes).		1885		R

Nos	TITRES DES OUVRAGES	AUTEURS	ANNÉES	TOMES	ÉTAT
292	Feuilleton du *Journal général de l'imprimerie et de la librairie*........		1886		Incompl.
293	Id.				
294	Id.				
295	Id.				
296	Id.				
297	Id.				
298	Id.				
299	Id.				
	Commerce. — Douanes. — Expositions. — Voies de communication. — Postes et Télégraphes.				
300	Chambre de Commerce de Saigon : *Son Bulletin*......................		1894		n° 9
301	Chambre de Commerce de Saigon : *Procès-verbaux de ses séances*.....		1896-97		Incompl.
302	Situation commerciale : *Importations et Exportations*..		1884		B
303	Id.		1885		B
304	Id.		1886		B
305	Id.		1887		B
306	Id.		1888		B
307	Id.		1889		B
308	Id.		1890		B
309	Id.		1891		B
310	Id.		1892		B
311	Id.		1893		B
312	Id.				
313	Id.				
314	Id.				
315	Id.				
316	Id.				
317	Id.				
318	Id.				
319	Question des douanes cochinchinoises.				B
320	Rapports sur les statistiques des douanes.		1888		B
321	Id.		1889		B
322	Rapport au Conseil de surveillance (douanes et régies) (3 exemplaires)..		1888		B
323	Rapport au Conseil de surveillance (douanes et régies) (2 exemplaires)..		1889		B
324	Situation commerciale de la Cochinchine.		1884-93		R
325					
326					

Nos	TITRES DES OUVRAGES	AUTEURS	ANNÉES	TOMES	ÉTAT
	Essai sur l'administration des entreprises industrielles et commerciales (Voir : *Industries*).				
	Géographie commerciale des colonies françaises (Voir : *Colonies*).				
	Jurisprudencia postal et telegrafica (Voir · *Espagnol*).				
327	Exposition universelle de 1889.......		1889	1	R
328	Id.		1889	2	R
329	Id.		1889	3	R
330	Id. (*album*).		1889		R
331	Exposition de Bruxelles (section des sciences (*brochure*)				B
332					
333					
334					
335					
336					
337					
338					
339					

Économie politique.

Nos	TITRES DES OUVRAGES	AUTEURS	ANNÉES	TOMES	ÉTAT
340	Histoire de l'économie politique en Europe....	Blanqui.	1860		R
341	Id.	Id.	1860		R
342	Histoire du luxe privé et public......	Baudrillart.	1878		R
	Dictionnaire d'économie politique (Voir : *Dictionnaires*).				
343	Les institutions de prévoyance du Portugal.......................	Costa Goodolphim.	1883		B
344					
345					
346					
347					
348					
349					
350	L'Economiste français (*journal*)......		1879		R
351	Id.		1880		R
352	Id.		1881		R
353	Id.		1882		R
354	Id.		1883		R
355	Id.		1884		R
356	Id.		1885		R
357	Id.		1886	1re Se	R
358	Id.		1886	2e Se	R

Nos	TITRES DES OUVRAGES	AUTEURS	ANNÉES	TOMES	ÉTAT
359	L'Economiste français (journal)		1887		R
360	Id.		1888	1er Se	R
361	Id.		1888	2e Se	R
362	Id.		1889	1er Se	R
363	Id.		1889	2e Se	B
364	Id.		1890	1er Se	R
365	Id.		1890	2e Se	R
366	Id.		1891	1er Se	R
367	Id.		1891	2e Se	R
368	Id.		1892	1er Se	R
369	Id.		1892	2e Se	B
370					
371					
372					
373					
374					
375					
376					
377	Journal des Économistes		1869	13	R
378	Id.			14	R
379	Id.			15	R
380	Id.			16	R
381	Id.		1870	17	R
382	Id.			18	R
383	Id.			19	R
384	Id.			20	R
385	Id.		1871	21	R
386	Id.			22	R
387	Id.			23	R
388	Id.			24	R
389	Id.		1872	25	R
390	Id.			26	R
391	Id.			27	R
392	Id.			28	R
393	Id.		1873	29	R
394	Id.			30	R
395	Id.			31	R
396	Id.			32	R
397	Id.		1874	33-34	R
398	Id.			35-36	R
399	Id.		1875	37	R
400	Id.			38	R
401	Id.			39-40	R
402	Id.		1876	41	R
403	Id.		1876	42	R
404	Id.			43-44	R
405	Id.		1877	45-46	R
406	Id.			47-48	R
407	Id.		1878	1-2	R
408	Id.			3-4	R

Nos	TITRES DES OUVRAGES	AUTEURS	ANNÉES	TOMES	ÉTAT
409	Journal des Économistes		1879	5-6	R
410	Id.			7-8	R
411	id.		1880	9-10	R
412	Id.			11-12	R
413	Id.		1881	13-14	R
414	Id.			15-16	R
415	Id.		1882	17	R
416	Id.			18	R
417	Id.			19-20	R
418	Id.		1883	21	R
419	Id.			22	R
420	Id.			23-24	R
421	Id.		1884	25	R
422	Id.			26	R
423	Id.			27-28	R
424	Id.		1885	29	R
425	Id.			30	R
426	Id.			31-32	R
427	Id.		1886	33-34	R
428	Id.			35-36	R
429	Id.		1887	37-38	R
430	Id.			39-40	R
431	Id.		1888	41-42	R
432	Id.			43-44	R
433	Id.		1889	45-46	R
434	Id.			47-48	R
435					
436					
437					
438					
439					
440					
441					
442					
443					
444					
445					
446					
447					
448					
449					

Administration. — Budgets. — Comptes. — États. — Procès-verbaux. — Rapports. — Statistiques.

Essai sur l'administration des entreprises industrielles et commerciales (Voir : *Industries*).

Nos	TITRES DES OUVRAGES	AUTEURS	ANNÉES.	TOMES	ÉTAT
450	La main-d'œuvre aux colonies (Documents sur les contrats)............		1895	1	B
451					
452					
453					
454					
	Rapports et statistiques sur le Commerce (Voir : *Commerce*).				
	Statistique médicale en Cochinchine (Voir : *Indo-Chine*).				
455	Budget local pour l'exercice..........		1873-86		R
456	Id.		1887		B
457	Id.		1888		B
458	Id.		1889		
459	Id.		1890		B
460	Id.		1891		B
461					
462					
463					
464					
465	Compte rendu des recettes et des dépenses, exercice.		1880-83		R
466	Id. id.		1884		B
467	Id. id.		1885		B
468	Id. id.		1886		B
469	Id. id.		1887		
470	Id. id.		1888		B
471	Id. id.		1889		B
472					
473					
474					
475	État de la Cochinchine française en...		1878-82		R
476	Id.		1883		B
477	Id.		1884		
478	Id.		1885		
479	Id. (2 ex.)..		1886		B
480	Id. (3 ex.)..		1887		B
481	Id. (3 ex.).		1888		B
482	Id. (3 ex.)..		1889		B
483	Id. (2 ex.)..		1890		B
484	Id. (2 ex.)..		1891		B
485	Id. (3 ex.)..		1892		B
486	Id. (4 ex.)..		1893		B
487	Id. (4 ex.)·.		1894		B
488					
489					
490	Procès-verbaux du Conseil colonial....		1880-85		R
491	Procès-verbaux du Conseil colonial, session ordinaire (2 ex.).		1886-87		B

Nos	TITRES DES OUVRAGES	AUTEURS	ANNÉES	TOMES	ÉTAT
492	Procès-verbaux du Conseil colonial session extraord. (2 ex.).		1887		B
493	Id. S. O. (3 ex.).		1887-88		B
494	Id. S. O. (5 ex.).		1888		B
495	Id. S. E. (4 ex.).		1889		B
496	Id. S. O. (3 ex.).		1889-90		B
497	Id. S. E. (3 ex.).		1890		B
498	Id. S. O. (4 ex.).		1890-91		B
499	Id. S. E. (2 ex.).		1891		B
500	Id. S. E. (2 ex.).		1892		B
501	Id. S. O.		1892-93		B
502	Id. S. E.		1893		B
503	Id. S. O.		1893-94		B
504	Id. S. E. (2 ex.).		1894		B
505	Id. S. O. (2 ex.).		1894-95		B
506	Id. S. E. (2 ex.)		1895		B
507	Id. S. O. (2 ex.).		1895-96		B
508	Id. S. E. (2 ex.).		1896		B
509	Id. S. O.		1896-97		B
510	Id. S. E.		1897		B
511					
512					
513					
514					
515	Procès-verbaux et documents du Conseil général de la Guyane française.....		1883		B
516					
517					
518					
519					
520	Rapports au Conseil colonial........		1881		R
521	Id.		1882		
522	Id.		1883		R
523	Id.		1884		
524	Id.		1885		
525	Id.		1886		R
526	Id.		1887		B
527	Id.		1888		B
528	Id.		1889		B
529	Id. (2 ex.).		1890		B
530	Id.		1891		
531	Id. (2 ex.).		1892		B
532	Id.		1893		
533	Id.		1894		
534	Id. (2 ex.)		1895		B
535	Id. (2 ex.).		1896		B
536	Id.				
537					
538					
539					

Nos	TITRES DES OUVRAGES	AUTEURS	ANNÉES	TOMES	ÉTAT
540	Rapport sur les travaux et opérations du comité de la Loire-Inférieure et des départements voisins *(4e centenaire de la découverte de l'Amérique)*....................	Marq. de Granges de Surgères.	1893		B
541	Rapport sur la situation financière de la ville de Cholon...............		1896		B
542					
543					
544					
545					
546					
547					
548					
549					
	Législation.				
	Code de Justice militaire (Voir : *Annamite*).				
550	Précis de droit annamite...........	Miraben.	1896		B
551	Id.	id.	1896		B
552	Recueil des instructions, circulaires et avis concernant le service judiciaire de l'Indo-Chine...........	Michel.	1895	1	R
553	Recueil des instructions, circulaires et avis concernant le service judiciaire de l'Indo-Chine...........	id.	1895	2	R
554	Recueil des instructions, circulaires et avis concernant le service judiciaire de l'Indo-Chine, (*1er supplément*)......................	id.	1895		R
555	Recueil des textes concernant les planteurs et éleveurs français de la Cochinchine................		1897		B
556	Répertoire alphabétique de législation de la Cochinchine.	Laffont et Fonssagrives.	1890	1 (A-B)	B
557	Id.			2 (C)	R
558	Id.			3 (D-F)	R
559	Id.			4 (G-J)	R
560	Id.			5 (L-O)	R
561	Id.			6 (P)	R
562	Id.			7 (Q-Z)	R

Nos	TITRES DES OUVRAGES	AUTEURS	ANNÉES	TOMES	ÉTAT
563	Répertoire analytique de législation (*Cochinchine et Cambodge*).......	Marty.	1896	1	B
564	Répertoire de droit administratif....	L. Béquet et P. Dupré.			B
565	Répertoire des lois, décrets et ordonnances rendus applicables en Cochinchine..................	Michel.	1892		B
566	Répertoire des lois, décrets et ordonnances rendus applicables en Cochinchine (*1er supplément*).......	id.	1892-93		B
567	La Tribune des Colonies et des Protectorats (*Journal de jurisprudence*) (*manque n° 7*).	Penant.	1891	Nos de 1 à 8	Incompl.
568	Id. (*manquent n° 9, 13*).		1892	8 à 20	id.
569	Id. (*manquent n° 20, 25*).		1893	20 à 32	id.
570	Id. (*manque n° 38*)....		1894	32 à 44	id.
571	Id.		1895	44 à 56	R
572	Id.		1896	56 à 68	B
573	Id.		1897		
574					
575					
576					
577	Code annamite....................	L.-F. Philastre		1	
578	Id.	Id.		2	
579					
580					
581					
582					
583					
584					
585					
586					
587					
588					
589					

Encyclopédies. — Dictionnaires. — Mélanges.

Nos	TITRES DES OUVRAGES	AUTEURS	ANNÉES	TOMES	ÉTAT
590	Dictionnaire analogique de la langue française.........	Boissière.			R
591	Id. anglais-français........	Elwal.			R
592	Id. des contemporains......	Vapereau.	1870		R
593	Id. d'économie politique....	Coquelin et Guillaumin.	1864	1	R
594	Id. id.	id.		2	R
595	Id. espagnol-français.......	Salva.			R
596	Id. français-chinois.........	P.S. Couvreur.	1884		R
596 bis	Id. chinois-français.........	id.	1890		R
597	Id. italien-français.........	Ferrari et Caccia.			R

Nos	TITRES DES OUVRAGES	AUTEURS	ANNÉES	TOMES	ÉTAT
598	Dictionnaire de la langue française...	Littré.	1881	1	R
599	Id.	id.	1881	2	R
600	Id.	id.	1881	3	R
601	Id	id.	1881	4	R
602	id. (*Supplément*).	id.	1881	5	R
603	Id. général des sciences.....	Privat-Deschanel et Focillon.	1870	1	R
604	Id.	id.	1870	2	R
605	Id. de la vie pratique......	Beleuse.	1888		R
606	Grand dictionnaire universel.......	Larousse.		A	R
607	Id.	id.		B	R
608	Id.	id.		C	R
609	Id.	id.		C	R
610	Id.	id.		C	R
611	Id.	id.		D	R
612	Id.	id.		E	R
613	Id.	id.		F-G	R
614	Id.	id.		H-K	R
615	Id.	id.		L-M	R
616	Id.	id.		M-O	R
617	Id.	id.		P	R
618	Id.	id.		P-R	R
619	Id.	id.		S-T	R
620	Id.	id.		T-Z	R
621	Id. (*1er supplément*).	id.			R
622	Id. (*2e supplément*)..	id.			R
623	Vocabulaire français-malais.........	Er. de la Croix.	1889		R
624	Mélanges (*Volume formé par la réunion de plusieurs brochures ne pouvant être reliées séparément*).....			1	R
625					
626					
627					
628					
629					
630					
631					
632					
633					
634					
635					
636					
637					
638					
639					

Nos	TITRES DES OUVRAGES	AUTEURS	ANNÉES	TOMES	ÉTAT
	GÉOGRAPHIE				
	a : — Atlas. — Cartes.				
640	Atlas général	Stielers.	1895		R
641	Atlas de Formose	Cap. Garnot.	1894		B
	Notice sur quelques cartes relatives au royaume de Siam (Voir : *Indo-Chine*).				
642					
643					
644					
645					
646					
647					
648					
649					
	b : — Indo-Chine.				
650	La Cochinchine au point de vue des intérêts français..........	Abel.	1864		R
	La Cochinchine ou fondation de la politique française en Extrême-Orient......................	Abel.	1864		
	Mission en Indo-Chine (*de Bassac à Hué*)......................	Dr Harmand.	1877		
	Pathologie des indigènes de la Basse-Cochinchine............	Dr Morice.			
	Pétition à la Chambre et au Sénat présentée par les habitants de Saigon et de la Cochinchine française.				
	Conférence sur le Bouddhisme....	L. Féer.			
	Expédition française en Cochinchine.	Benoît d'Azy.			
	Voies et moyens de la politique française en Cochinchine.......	Aymonnier.			
	Mortalité des Européens en Cochinchine	Dr Caudé.	1887		
	La Cochinchine française (*conférence*)......................	Dr Morice.	1880		
	De la colonisation de la Cochinchine.	G. Francis.	1865		
	Quelques mots sur la Cochinchine.	Courcy.	1866		
	Exploration du Mékong et de l'Indo-Chine. — Question du Tonkin. — Doudart de Lagrée	De Villemereuil.	1875		
	Géographie du Cambodge........	Aymonnier.	1876		
	Exposé chronologique des relations du Cambodge avec le Siam, l'Annam et la France............	Lemire.	1879		

(Indication latérale : LA QUESTION DE COCHINCHINE)

Nos	TITRES DES OUVRAGES	AUTEURS	ANNÉES	TOMES	ÉTAT
651	La Cochinchine en 1878..... (2 ex.).		1878		R
652	Tableau de la Cochinchine				
653	La Cochinchine et ses habitants......	Dr Baurac.			R
654	La Cochinchine française............	Salenave.			R
655	Statistique médicale en Cochinchine de 1863 à 1870...................				R
656	Le colon et l'administration en Basse-Cochinchine .... (2 ex.).	Pâris.			B
657	Voyage d'exploration de Hué en Cochinchine................................	Pâris.			B
658	Les premières années de la Cochinchine.	Vial.	1874	1	B
659	Id.	id.	1874	2	B
660					
661					
662					
663					
664					
665					
666					
667					
668					
669					
670	Souvenirs d'Annam................	Baille.	1886-90		B
671	Notes sur l'Annam (*Binh thuân*)	Aymonnier.	1885		B
672	L'Annam ou Tong-king et la Cochinchine...........................	Marquis d'Hervey de St-Denis.	1886		B
673	Annam et Tonkin.................	Picard Destelan.	1892		B
674	Les symboles, les emblèmes et les accessoires du culte chez les Annamites..	Dumoutier.	1891		B
	Le culte des morts dans le Céleste Empire et l'Annam (Voir : *Littérature, Religion*).				
375	La commune annamite au Tonkin....	Ory.	1894		R
676	Histoire naturelle du Tonkin (*Mélanges I*)	Brousmiche.	1887		
	La culture potagère au Tonkin (Voir: *Jardins*)				
677	Au Tonkin et sur la frontière du Kwang-Si...	Famin.	1895		R
678	Le Tonkin. — Exploration du Mékong.	Dumoulin.	1890		R
679	Les vaccinations au Tonkin	Dr P. Gouzien.	1894		R
680	Au Tonkin : un an chez les Muongs ..	Garcin.	1891		B
681	Les soldats français au Tonkin.......	Sarzeau.			B
682	Paul Bert au Tonkin	Chailley-Bert.	1887		B
683	Jean Dupuis. — L'expédition du Fleuve Rouge. — La question du Tonkin..	Art. Thévenot.	1892		B
684	L'Avenir du Tonkin à l'Exposition de 1889 (*Revue illustrée*)...........				B
685	Le Courrier d'Haiphong (*supplément illustré*).........................		1895		B

Nos	TITRES DES OUVRAGES	AUTEURS	ANNÉES	TOMES	ÉTAT
	Le Port d'Haïphong. — Le Port du Tonkin, etc. (Voir: *Bulletin de l'U. C. F.*).				
686	Rapport sur le Tonkin par la Chambre d'agriculture du Tonkin............		1895		B
687	La commune annamite............	Jobé Duval.	1896		B
688					
689					
690					
691					
692					
693					
694					
695	Le royaume du Cambodge.........	Moura.	1883	1	R
696	Id.	id.	1883	2	R
697	Promenade au Cambodge et au Laos..	Henry.			R
698	Voyage au Cambodge (*L'architecture khmère*)....................	Delaporte.	1880		R
	Contes et légendes du Cambodge (Voir: *Littérature*).................				
699	Concession de l'île de Logneu (*Calogneu*).......................	Mougeot.	1888		B
700	Notes sur le Laos................	Et. Aymonnier	1885		B
701	Le Laos annamite................	Lemire.	1894		R
702	Voyage dans le royaume de Siam....	Mouhot.	1882		R
703	Notice sur quelques cartes relatives au royaume de Siam................	Marcel.	1894		R
704	Le Haut-Mékong au Conseil colonial..	Mougeot.	1893		B
705	L'art khmer (2 ex.)....	Dr Legrand.	1878		B
706					
707					
708					
709					
710					
711					
712					
713					
714	Indo-Chine française contemporaine..	Bouinais et Paulus.	1885	1	R
715	Id.	id.	1885	2	R
716	L'Indo-Chine française...........	De Lanessan.	1889		R
717	Possessions françaises dans l'Indo-Chine	L. D.	1887		R
718	Le second empire en Indo-Chine.....	Meyniard.	1891		R
719	Voyage d'exploration en Indo-Chine..	F. Garnier.	1873	1	R
720	Id.	id.	1873	2	R
721	Exploration de l'Indo-Chine (*Mission Pavie*)...................	Pavie.	1894		R
722	La colonisation de l'Indo-Chine......	Chailley-Bert.			B
723	Géographie élémentaire de l'Indo-Chine française............... (2 ex.).	Folliot.	1896		B
724	L'art indo-chinois................	De Pouvourville.			B

Nos	TITRES DES OUVRAGES	AUTEURS	ANNÉES	TOMES	ÉTAT
725	Mission en Indo-Chine (*de Bassac à Hué*)	Pâris.			B
	Dix ans de voyages dans la Chine et l'Indo-Chine (Voir : *Géographie générale*)...........				
	Exploration et mission Doudart de Lagrée (Voir : *Géographie générale*)...				
	Histoire et archéologie de l'Indo-Chine (Voir : *Histoire*).................				
	Excursions et reconnaissances (Voir : *Littérature*).....................				
	Géologie de l'Indo-Chine (Voir : *Sciences*)................................				
	Le régime commercial de l'Indo-Chine française (Voir : *Bulletin de l'U.C.F.*)				
726	Une excursion en Indo-Chine (*de Hanoi à Bangkok*)................	Pr H. d'Orléans	1892		B
727					
728					
729					
730					
731					
732					
733					
734					

c. — Colonies françaises.

Annam. — Cochinchine. — Cambodge. — Laos. — Tonkin (Voir : *Indo-Chine*).

Nos	TITRES DES OUVRAGES	AUTEURS	ANNÉES	TOMES	ÉTAT
735	Géographie commerciale des colonies françaises.....................	Combette.	1890		R
736	Organisation des colonies françaises et des pays de protectorats.	Ed. Petit.	1895	1	R
737	Id. id.	id.	1895	2	R
738	Congrès colonial national (Paris).....		1889-90	1	R
739	Id.		1889-90	2	R
740	Organisation politique de l'Algérie....	Dessoliers.	1894		R
741	Hygiène et médecine coloniale.......	Dr Sardoul.	1895		R
	La main-d'œuvre aux colonies (Voir : *Législation*).				
	Les produits coloniaux (Voir : *n° 183. Agriculture F.*)				
	Conseils à ceux qui veulent s'établir aux colonies (Voir : *Union coloniale Bulletin*) ...				
	Le Soudan français, etc. (id. .)				
742	Notices coloniales (*Ministère des colonies*)........................		1894		B
743					

Nos	TITRES DES OUVRAGES	AUTEURS	ANNÉES	TOMES	ÉTAT
744					
745					
746					
747					
748					
749					
	d. — Géographie générale. — Voyages. — Missions. — Explorations.				
	Voyages. — Missions. — Explorations en Indo-Chine, Siam compris (Voir : *Indo-Chine*).				
750	Dix ans de voyages dans la Chine et l'Indo-Chine................	Thomson.	1877		B
751	Explorations et missions de Doudart de Lagrée...............	Villemereuil.	1883		R
752	En Chine..................	Allou.	1894		R
753	Le Thibet inconnu............	Bonvalot.	1892		R
754	Le Japon..................	De Villaret.	1889		R
755	Les premiers voyages des Néerlandais dans l'Insulinde............	Fr. R. Bonaparte.	1884		R
756 et 756 (bis)	Dans les ténèbres de l'Afrique. (2 ex.)	Stanley.	1890	1	R
757 et 757 (bis)	Id. (2 ex.)	id.	1890	2	R
758	Comment j'ai retrouvé Livingstone....	id.	1884		R
759	Voyage à Madagascar.............	L. Catat.	1895		R
760	Nouvelle géographie universelle (*Europe méridionale*)....	E. Reclus.		1	R
761	Id. (*La France*).........	id.		2	R
762	Id. (*Europe centrale*)....	id.		3	R
763	Id. (*Europe du N.-W.*)...	id.		4	R
764	Id. (*Europe scandinave et russe*)......	id.		5	R
765	Id. (*Asie russe*)..........	id.		6	R
766	Id. (*Asie orientale*)......	id.		7	R
767	Id. (*Inde et Indo-Chine*)..	id.		8	R
768	Id. (*Asie antérieure*).....	id.		9	R
769	Id. (*Afrique septentrionale*).......	id.		10	R
770	Id. id.	id.		11	R
771	Id. (*Afrique occidentale*)..	id.		12	R
772	Id. (*Afrique méridionale*).	id.		13	R
773	Id. (*Océan et terres océaniques*).....	id.		14	R
774	Id. (*Amérique boréale*)...	id.		15	R
775	Id. (*Les États-Unis*).....	id.		16	R
776	Id. (*Indes occidentales*)...	id.		17	R

Nos	TITRES DES OUVRAGES	AUTEURS	ANNÉES	TOMES	ÉTAT
777	Nouvelle géographie universelle (Amérique du Sud).....	E. Reclus.		18	R
778	Id. id.	id.		19	R
779	Les premières nouvelles concernant l'éruption du Krakatau............		1884		B
780	Arméniens et arménophiles..........				B
781	Souvenirs de mon séjour chez Emin-Pacha el Soudani................	Dr Zucchinetti.	1890		B
782	Guide de l'émigrant au Brésil........	Santa Anna Nery.	1889		B
783	Association internationale africaine (Entretien de M. F. de Lesseps).......		1878		B
784	L'hydrographie africaine au XVIe siècle.	Luciano Cordeiro.	1878		B
785	Découverte et description des îles Garbanzos (Carolines)...............	E. Gibert et A. W. Taylor.	1881		B
786					
787					
788					
789					
790					
791					
792					
793					
794					
795					
796					
797					
798					
799					

Histoire. — Archéologie. — Biographie.

Nos	TITRES DES OUVRAGES	AUTEURS	ANNÉES	TOMES	ÉTAT
800	Les annales impériales de l'Annam... Id. ... Id. ...	Ab. des Michels. id. id.	1889 1892 1894	1 2 3	R
801	Histoire de la Basse-Cochinchine.....	Aubaret.			
802	Histoire de l'expédition de Cochinchine.	P. de la Barrière.	1888		R
803	Cours d'histoire annamite...........	T.-V. Ký.	1875		R
804	Histoire de l'alliance scientifique universelle.................	Pitrou.	1886	1	R
	La cité antique....................	F. de Coulanges.	1895		B
805	Histoire de l'économie politique. — Du luxe, etc. (Voir: Économie politique). Les ruines khmères................	Fournereau.	1890		R
806	Les ruines d'Angkor...............	id.	1890		R
807	Archéologie (antiquités africaines (Voir : Bulletin d'Oran)................				R

Nos	TITRES DES OUVRAGES	AUTEURS	ANNÉES	TOMES	ÉTAT
808	Galerie coloniale et diplomatique (Nos contemporains)................	L. Henrique.	1897	2	B
809	Mgr d'Adran (Voir : Annamite)	P. Louvet.	1896		B
810	Vie de Mgr Puginier................	id.	1894		B
811	Doudart de Lagrée.— Paul Bert (Voir : Indo-Chine et géographie générale).				
812	La cité chinoise	G. Simon.		1891	B
813					
814					
815					
816					
817					
818					
819					

Industries extractives et alimentaires.

Nos	TITRES DES OUVRAGES	AUTEURS	ANNÉES	TOMES	ÉTAT
820	Traité de distillation...............	Payen.	1861		R
821	Guide du féculier et de l'amidonnier..	Dubief.			R
822	Etude sur le vin	Pasteur.	1875		R
823	Fabrication des vins factices........	Dubief.			R
824	Mémoire sur la fabrication des sucres.				B
825					
826					
927					
928					
929					

Industries manufacturières et mécaniques.

Nos	TITRES DES OUVRAGES	AUTEURS	ANNÉES	TOMES	ÉTAT
830	Art de l'indigotier................	Perrottet.	1842		R
831	Monographie du cocon de soie (Voir : Complément à : Agriculture B)...	Duseigneur Kléber.	1862		R
832	Études sur les arts textiles (Texte)....	M. Alcan.	1868		R
833	Essai sur l'administration des entreprises industrielles et commerciales.......	Lincol.			R
834	Les procédés industriels des Japonais (L'arbre à laque)..............	Ory.	1875		B
835	Du coton, du chanvre, du lin et des laines en Italie................	H. Carcenac.	1869		B
836	Note pour servir à l'introduction de l'industrie des tabacs à Pondichéry et à Karikal....................		1874		B
837					
838					
839					

Nos	TITRES DES OUVRAGES	AUTEURS	ANNÉES	TOMES	ÉTAT
840					
841					
842					
843					
844					
845					
846					
847					
848					
849					
	Littérature. — Philosophie. — Religion. — Enseignement.				
850	Variétés orientales	De Rosny.	1872		R
851	Pages d'Orient	Michel Noé.	1895		R
852	Contes et légendes du Cambodge	Leclère.	1895		B
853	Excursions et reconnaissances		1882-83	5-6	R
854	Id.		1884	7-8	R
855	Id.		1885	9-10	R
	Conférence sur le bouddhisme etc. (Voir: *Indo-Chine* pour ce qui regarde particulièrement ce pays au point de vue religieux).				
856	Le bouddhisme dans le monde	De Milloué.	1893		B
857	Mémoire sur les doctrines religieuses de Confucius	Marquis d'Hervey St.-Denis.	1887		B
858	La morale des philosophes chinois	de Lanessan.	1896		B
859	Le culte des morts dans le Céleste-Empire et l'Annam	Bouinais et Paulus.	1893		R
860	Trois contes chinois	Robert.	1896		R
861	Méthode de lecture	Boscq.	1896		B
862	Premier livre de lecture	id.	1895		B
863	La phonographie française		1895		B
864	L'enseignement public en Tunisie (*Rapport*)	Machuel.	1885		B
865	Les phonographies européennes				B
866	L'annamite mère des langues	Col. Frey.	1892		R
867					
868					
869					
870					
871					
872					
873					
874					

Nos	TITRES DES OUVRAGES	AUTEURS	ANNÉES	TOMES	ÉTAT
	Sciences. — Botanique. — Chimie. — Physique. — Minéralogie. — Géologie. — Médecine. — Photographie, etc.				
875	Botanique	De Jussieu.	1870		R
876	Traité de chimie inorganique........	Pelouze et Frémy.	1865	1	R
877	Id.	id.		2	R
878	Id.	id.		3-1	R
879	Id.	id.		3-2	R
880	Traité de chimie organique........	id.		4	R
881	Id.	id.		5-2	R
882	Id.	id.		6-3	R
883	Cours élémentaire d'histoire naturelle : Géologie.....	Beudant.	1872		R
884	Id. Minéralogie..	Id.	1872		R
885	Histoire naturelle du Tonkin (Voir : Indo-Chine)................				
886	Géologie de l'Indo-Chine (Texte).....	Petiton.	1895		B
887	Id. (Atlas).....	Id.	1895		B
	Pathologie des indigènes de la Basse-Cochinchine (Voir : Indo-Chine)....				
	Mortalité des Européens en Cochinchine ((Voir : Indo-Chine)........				
	Les vaccinations au Tonkin (Voir : Indo-Chine)................				
	Statistique médicale (Voir : Indo-Chine)				
	Livre de médecine en annamite (Voir : Annamite)...................				
	Hygiène et médecine coloniales (Voir : Colonies)...................				
	L'armée coloniale au point de vue de l'hygiène pratique (Voir : Armée)...				
	Médecine vétérinaire (Voir n° 63 et suivants)....................				
888	Maladies des pays chauds.........	De Brun.		1-2	R
889	Réfutation des recherches sur la fièvre jaune faites par le Dr Gibier à la Havane.....................	Dr Domingo-Freire.	1888		B
890	Du khamsin et de ses effets, du blé retrait.....................	Grégoire.			B
891	Mémoire sur l'arséniate de caféine et l'acide tanno-arsénieux considérés comme agents fébrifuges.........	Gastinel.			B
892	Traité expérimental du magnétisme (animal)....	Durville.	1896	1	R
893	Id.	id.	1896	2	R
894	Formulaire photographique..........	Jouan.	1891		B
895	Album photographique (Vues de Cochinchine).....................		1897		R

Nos	TITRES DES OUVRAGES	AUTEURS	ANNÉES	TOMES	ÉTAT
896	Le cinématographe................	Lumière.	1897		B
897	Congrès des sociétés savantes. — Discours annuels 1884, 1885, 1886, 1896 et 1897......................				B
898	Catalogues Molteni (*Appareils à projections et photographies sur verre*), 2 volumes.....................		1896		B
899	Catalogues Ducretet (*Électricité. — Physique générale*), 2 volumes.....		1896		B
900	Catalogue Cadiot (*Machines dynamo-électriques*)......................		1896		B
901	Catalogues divers sur la photographie. Conférence scientifique d'Abbeville et du Ponthieu (Voir : *Mélanges I*).... (*Complément à Dictionnaires, Journaux et Revues scientifiques*).		1897		B
902					
903					
904					
905					
906					
907					
908					
909					
910					
911					
912					
913					
914					
915					
916					
917					
918					
919					

2ᵉ Partie.

Publications étrangères en langue française.
(Livres et Périodiques).

NUMÉROS du catalogue	TITRES DES PUBLICATIONS	ANNÉES	TOMES	NUMÉROS	ÉTAT
920	Bulletin de la Société royale d'Anvers.	1884-1885	9		R
921	Id.	1885-1886	10		R
922	Id.	1886-1887	11		R
923	Id.	1887-1888	12		R
924	Id.	1888-1890	13-14		R
925	Id.	1890 et 1893	15-17		R
926	Id.	1891-1892	16		R
927	Id.	1893-1894	18		R
928	Id.	1894-1895	19		R
929	Id.	1895-1896	20		R
930	Id.	1896-1897	21		B
931					
932					
933					
934					
935	L'Université de Bruxelles (*Historique 1834-84*)............	1884			R
936	Annales de l'Université de Bruxelles..	1880-1882		nº 1, 2, 3	R
937					
938					
939					
940	Bulletin de la Société belge de géographie de Bruxelles ..	1880			R
941	Id.	1881			
942	Id. (*manquent nº 1 à 4*).	1882		nº 5, 6	B
943	Bulletin de la Société royale belge de géographie de Bruxelles....	1883			R
944	Id. (*manquent nº 4 à 5*).	1884		1,2,3,6	B
945	Id. (*id.* nº 1).	1885		2 à 6	B
946	Id.	1886			R
947	Id.	1887			R
948	Id. (*manquent nº 4, 5, 6*).	1888		1, 2, 3	B
949	Id.	1889			
950	Id. (*id.* nº 1, 2, 6).	1890		3, 4, 5	B
951	Id. (*id.* nº 1, 2, 4).	1891		3, 5, 6	B
952	Id.	1892			R
953	Id.	1893			R
954	Id. (*id.* nº 1).	1894		2 à 6	B
955	Id. (*id.* nº 5, 6).	1895		1 à 4	B
956	Id.	1896			
957	Id.	1897			
958	Id.				
959	Id.				
960	Id.				

NUMÉROS du catalogue	TITRES DES PUBLICATIONS	ANNÉES	TOMES	NUMÉROS	ÉTAT
961	Le Muséon (*Louvain*)............	1886			R
962					
963	Bulletin de la Société khédiviale du Caire.	1883-1889			R
964	Id.	1882-1888			R
965	Id.	1888-1893			R
966	Id.	1893			R
967	Id. (*manque n° 2*).....	1894	4	1, 3	B
968	Id.	1895	4	4,5,6,7	B
969	Id. plus : (*Le climat d'Alexandrie comparé à celui du Caire*) (supplément au n° 10)....	1896	4	8, 9, 10	B
970					
971	Id.	1897			
972					
973					
974					
975	Actes de la Société scientifique du Chili.	1892-1893	2		R
976	Id.	1892-1893	2	4, 5	B
977	Id.	1893	3		R
978	Id. plus : (*Bulletin du Congrès scientifique du Chili*).	1894	4		R
979	Id.	1895	5		B
980	Id. (*Incomplet*).........	1896	6		B
981	Id.	1897			
982					
983					
984					
985					
986					
987					
988					
989					
990					
991					
992					
993					
994					
995					
996					
997					
998					
999					

3e Partie.

Publications en langues étrangères.
(Livres et Périodiques).

NUMÉROS du catalogue	TITRES DES PUBLICATIONS	ANNÉES	TOMES	NUMÉROS	ÉTAT *
	Allemand.				
1000	Allgemeine bibliographie deutschland.	1885			B
1001	Catalogue orientalia Leipzig.........	1886			B
1002	Chemiker Zeitung (*des numéros dépareillés de 1889 à 1895*)..........				N.R
1003	Deutsche colonial Zeitung (*n° 1 à 39 sauf 28*)...	1889			N.R
1004	Id. (*n° 1 à 27 sauf 20*).	1890			N.R
1005	Id. (*n° 1 à 13 sauf 6*).	1891			N.R
1006	Id. (*Complet.*).	1892			N.R
1007	Id. (*n° 1 à 12 sauf 11 et 13*)..	1893			N.R
1008	Id. (*Complet.*).	1894			N.R
1009	Id. (*n° 1 à 52 sauf 42, 43 et 49*)..	1895			N.R
1010	Id. (*n° 1 à 52 sauf 2, 15, 28 et de 32 à 36*)..	1896			N.R
1011	Id. (*n° 1 à 29*).....	1897			N.R
1012					
1013					
1014					
1015					
1016	Export (*Berlin*)................	1883-1885			R
1017	Geschichtheatur.................	1894	47		
1018	Iahresbericht der deutschen colonial gesellschaft (*2 brochures*)........	1892-1894			B
1019	Iahresbericht der geographischen gesellschaft von Bern..............	1891-1892	11		B
1020		1893			
1021		1894	13		B
1022					
1023					
1024					
1025					
1026					
1027	Internationale Lichtschrift.........	1884			
1028	Literatur-Blatt für orientalische philologie (*Berlin*).			1, 2	Incompl.
1029	Id. ..			3	N.R

(*) **N. R.** : Non relié en parlant des journaux.

— 32 —

NUMÉROS du catalogue	TITRES DES PUBLICATIONS	ANNÉES	TOMES	NUMÉROS	ÉTAT
1030	Literatur-Blatt (*Leipzig*)............	1886		1,2,3	N.R
1031	Mitteilungen des Vereins für erdkunde zu Leipzig...	1883		1,2	N.R
1032	Id. (*2 Bulletins*).	1884-1885			N.R
1033	Religionssystème aller zeiten und volker (*Catalogue*)...................	1897			B
1034	Welt-Post......................	1897		1	B
1035					
1036					
1037					
1038					
1039					
1040					
1041					
1042					
1043					
1044					
	Anglais.				
1045	The Nineteenth century (London) (*manque n° 119*)...	1887		120, 121	B
1046	Id. (*id. 124*)....	1887		122, 123	B
1047	Id. (*id. 125-126*).	1887		127	B
1048	Id. (*id. 128-129*).	1887		130	B
1049	The Edimburgh review............	1872	135		R
1050	Id.	1872	136		R
1051	Id.	1873			
1052	Id.	1873			
1053	Id.	1874	139		R
1054	Id.	1874	140		R
1055	Id.	1875	141		R
1056	Id.	1875	142		R
1057	Id.	1876	143		R
1058	Id.	1876	144		R
1059	Id.	1877	145		R
1060	Id.	1877	146		R
1061	Id.	1878	147		R
1062	Id.	1878	148		R
1063	Id.	1879	149		R
1064	Id.	1879	150		R
1065	Id.	1880	151		R
1066	Id.	1880	152		R
1067	Id.	1881	153		R
1068	Id.	1881	154		R
1069	Id.	1882	155		R
1070	Id.	1886	163		
1071	Id.	1886	164	1	B
1072	Id.	1886	164	2	B

— 33 —

NUMÉROS du catalogue	TITRES DES PUBLICATIONS	ANNÉES	TOMES	NUMÉROS	ÉTAT
1073	The Edinburgh review (*1 numéro : avril*)	1896			B
1074					
1075					
1076					
1077	Transactions of the Canadian Institute (*Toronto*)....	1889-1890	1		R
1078	Id.	1889-1890	2		R
1079	id.	1891-1892	3		R
1080	Id.	1893-1894	4	7	B
1081	Id.	1894-1895	4	8	B
1082	Id.	1895-1896		9	B
1083	Id.	1897		1, 2	B
1084					
1085					
1086					
1087	Procedings of the Canadian Institute (*Toronto*)....	1889	24	151	B
1088	Id.	1889	25	152	B
1089	Id.	1890	25	153	B
1090	Annual report of the Canadian Institute.	1888-1889			B
1091	Id.	1890-1891			B
1092	Id.	1892-1893			B
1093	Id.	1893-1894			B
1094	The Indian ansiquary..............	1884-1885	13.14		R
1095	Id. (*Ce volume a été relié sans ordre*).	1884-1886			R
1096	Procedings of the agricultural, etc., of India (*Janvier n° 1*).............	1889		1	B
1097	The Orientalist (*Kandy-Ceylan*)......	1885	2	5, 6	B
1098	Journal of the Straits-Branch of the royal asiatic Society.	1883		11	B
1099	Id.	1884			
1100	Id.	1885			
1101	Id.	1886		18	R
1102	Id.	1887		19	B
1103	Id.	1888-1889			
1104	Id.	1890		21, 22	B
1105	Id.	1891		23, 24	B
1106					
1107					
1108					
1109					
1110					
1111					
1112	The Siam Weekly Mail (*Journal hebdomadaire*)	1895		11 à 45	N.R
1113	Journal of the North China Branch of the R. A. S.....................	1882			B
1114	Report of the Council of the North China Branch of the R. A. S.............				B

NUMÉROS du catalogue	TITRES DES PUBLICATIONS	ANNÉES	TOMES	NUMÉROS	ÉTAT
1115	Journal of the China Branch of the R.A.S.	1882			B
1116	Id.	1883			
1117	Id.	1884	19	1	B
1118	Id.	1885-1886	20,21		R
1119	Id.	1887	22	1,2,3,4	B
1120	Id.	1888	23	2	B
1121	Id.	1889-1890	24	1	B
1122	Id.	1890-1891	25		B
1123	Id.	1891-1892	26		B
1124					
1125					
1126					
1127					
1128					
1129					
1130	Transactions of the royal asiatic Society of Japan.....	1883	11		R
1131	Id.	1884	12		R
1131	Id.	1885	13		R
1131	Id.	1886	14		R
1132	Id.	1887	15	2	B
1133	Id.	1888	16	2	B
1134	Id.	1889			
1135	Id.	1890			
1136	Id.	1891	19	1	B
1137	Id. (*2 ex.*) (*plus supplément de juin, juillet, octobre et décembre.*	1892	20	1	B
1138	Id. (*2 ex.*)	1893	20	2	B
1139	Id. (*2 ex.*)	1893	21		B
1140	Id. (*2 ex.*)	1894	22	1	B
1141	Id.	1894	22	2	B
1142	d. (*2 ex.*) Index général.	1895			B
1143					
1144					
1145					
1146					
1147					
1148	(Publications du Japon en Anglais, voir: *Japonais*).				
1149					
1150					
1151					
1152					
1153					
1154					
1155					
1156					
1157					
1158					
1159					

NUMÉROS du catalogue	TITRES DES PUBLICATIONS	ANNÉES	TOMES	NUMÉROS	ÉTAT
	Annamite.				
	L'annamite, mère des langues (Voir : n° 866).				
1160	Cours d'annamite parlé (*vulgaire*)	1896			B
1161	Biên tich đức thầy Vêrô giúp Đức Cao-hoàng phục nghiệp	1897			B
1162	Histoire de Mgr d'Adran (*en caractères chinois*)	1897			B
1163	Grammaire annamite				Manque
1164	Dictionnaire français-annamite				id.
1165	Vocabulaire annamite-français				id.
1166	Chuyện đời xưa				id.
	Les événements de la vie				id.
	Passe-temps				id.
	Fais ce que dois, advienne que pourra				id.
	(*Ouvrages du même auteur sur les caractères chinois*) (Voir : *Chinois*).				
1167					
1168					
1169					
1170	Dictionnaire annamite (***A-L***)			1	R
1171	Id. (***M-X***)			2	R
1172	Câu hát góp (*Recueil de chansons populaires*)	1897			B
1173	Tục ngữ, cổ ngữ, gia ngôn (*Maximes et proverbes*)	1897			B
1174	Dón bòn lễ dầu	1886			B
1175	Chuyện giải buồn	1886			B
1176	Suite des Chuyện giải buồn	1887			B
1177	Sách bác học sơ giải	1887			B
1178	Sách quan chế des (*Titres civils et militaires français avec leur traduction en quốc ngữ*)	1888			B
1179					
1180					
1181					
1182					
1183					
1184	Fables de la Fontaine traduites en Annamite	1886			B
1185	Riche et pauvre	1885			Manque
1186	Télémaque de Fénélon (*traduction*)	1887			id.
1187	Tragédie de Joseph	1888			id.
1188	De Saigon à Paris (***Poème***)	1889			id.
1189	Exposition universelle de 1889	1891			id.
1190	Méthode pour apprendre le français et l'annamite	1892			id.
	(*Ouvrages du même auteur sur les caractères chinois*) (Voir : *Chinois*).				

(Trương vĩnh Ký ; Paulus Của ; Trương-minh-Ký)

NUMÉROS du catalogue	TITRES DES PUBLICATIONS	ANNÉES	TOMES	NUMÉROS	ÉTAT
1191	Cours gradué de langue française à l'usage des Annamites .... } Trương-minh-Ký.	1895			Manque
1192					
1193					
1194					
1195	Code de justice militaire (*Traduit à l'usage des tirailleurs annamites*)	1890			B
1196	Tràts et rapports .... (*13 ex.*).	1894			B
1197	Thiên-thời, trái-trời, chó dại cùng trâu toi .... } Boscq.	1895			B
1198	Tétanos des nouveaux-nés, plaies, morsures des serpents	1897			B
1199					
1200					
1201	Lục-vân-Tiên (*Traduction*) Ab. des Michels.				B
1202	Parle annamite qui veut.. Davant...				R
1203	Gia-dịnh-báo	1882-1883			R
1204	Id.	1884-1885			R
1205	Lịch Annam	1894			B
1206	Id. .... (*2 ex.*).	1895			B
1207	Id. .... (*2 ex.*).	1896			B
1208					
1209					
1210					
1211					
1212					
1213					
1214					
1215					
1216					
1217					
1218					
1219					
1220					
1221					
1222					
1223					
1224					
1225					
	Cambodgien.				
1226					
1227					
1228					
1229					

NUMÉROS du catalogue	TITRES DES PUBLICATIONS	ANNÉES	TOMES	NUMÉROS	ÉTAT
	Chinois.				
1230	Grammaire de la langue chinoise. Parny Dictionnaires français-chinois et chinois-français (Voir : *Encyclopédies*). Trois contes chinois (Voir : *Littérature*).				R
1231	Minh-tâm bửu giám (*Le précieux miroir du cœur*) .... } Tr.-v.-Ký.	1893			Manque
1232	Đại-học (*La grande étude*)				id.
1233					
1234					
1235	Cours gradué de langue chinoise écrite .... } Tr.-minh-Ký.	1893			Manque
1236	Entretiens sur la piété filiale...	1893			id.
1237	Préceptes de morale chinoise..	1895			id.
1238					
1239					
1240	Tân thơ thông lý qui điều. Outrey.	1890			B
1241	Khương hy tự điển ...... 32 vol.				B
1242	Ngự toản y tôn kiêm dám. 40 id.				B
1243	Y học nhập môn .... 9 id.				B
1244	Tứ-thơ nhơn vật......... 10 id.				B
1245	Minh-tâm bửu dám....... 2 id.				B
1246	Diệt kinh đại toàn .... 2 id.				B
1247	Đại nam thiệt lục .... 2 id.				B
1248	Đại nam quốc sử diễn ca... 1 id.		(Sư papier chinois).		B
1249	Xuân thu thế chú........ 6 id.				B
1250	Phùng thị cẩm nang ..... 15 id.				B
1251	Thi kinh đại toàn......... 8 id.				B
1252	Cổ sự tầm nguyên....... 10 id.				B
1253	Lễ ký thế chú đại toàn.... 8 id.				B
1254	Tiểu học thế chú .... 6 id.				B
1255	Thơ kinh thế chú .... 6 id.				B
1256	Tứ-thơ thế chú .... 6 id.				B
1257	Thảo mộc tu yếu........ 4 id.				B
1258	Hoàn việt địa hùng chí.... 1 id.				B
1259	Y phương kinh lộ .... 1 id.				B
	Trảts et rapports de Paulus Của (*trad.* Jollivet (Voir : *Collection des Bulletins de la Société des Études*).				
1260					
1261					
1262					

— 38 —

NUMÉROS du catalogue	TITRES DES PUBLICATIONS	ANNÉES	TOMES	NUMÉROS	ÉTAT
1263					
1264					
1265					
1266					
1267					
1268					
1269					
	Espagnol et Portugais.				
1270	Bulletin de la Société de géographie de Madrid......	1883	15	4, 5, 6	N.R
1271	Id.	1884	16,17		R
1272	Id.	1885	18,19		R
1273	Id.	1886	20,21		R
1273 bis	Id.	1886	21	5, 6	N.R
1274	Id.	1887	22.23		R
1274 bis	Id.	1887	22,23	1,2,3,4,5,6 / 3, 4, 5, 6	N.R / N.R
1275	Id.	1888	24,25		R
1276	Id.	1889	26,27		R
1277	Id.	1890-1891	28,29 30/2		R
1278	Id.	1891-1892	30/2 31 32/2		R
1279	Id.	1892	32/2 33		R
1280	Id.	1893	34,35		R
1281	Id.	1894	36		R
1282	Id.	1895	37		R
1283	Id. (manquent nos 10,11,12).	1896	38	1 à 9	N.R
1284	Id.	1897		1 à 4	N.R
1285					
1286					
1287					
1288	Revista de géografia colonial y mercantil (Sociedad géografia de Madrid)	1897		1, 2	N.R
1289					
1290					
1291	Historia del Arpa par Em. Cervantes..	1885			B
1292	Boletin de la Real Societad économica Filipina, etc..	1882-1883			R
1293	Id.	1884			
1294	Id. (Incomplet)..	1885		5	N.R
1295	Id. (id.)..	1886		6, 8	N.R
1296	Id. (id.)..	1887		10,11	N.R
1297	Revista de la Real Societad économica Filipina, etc..	1887		12	N.R
1298					
1299					

— 39 —

NUMÉROS du catalogue	TITRES DES PUBLICATIONS	ANNÉES	TOMES	NUMÉROS	ÉTAT
1300	Revista da Secçao da Sociedade de geographia de Lisboa no Brazil....	1885-1886	3	1,2,3,4	N.R
1301	Resposta sociedade antiesclavista de Londres par Corte Real............ (*Brochure in-8 de la Société de géographie de Lisbonne*).	1884			B
1302	Annuario postal para 1878. Portugal..	1878			B
1303	Revista trimensal do Instituto historico do Brazil....	1883	46	1,2	R
1304	Id.	1884	47	1,2	R
1305	Id.	1885			
1306	Id.	1886	49	1,2	R
1307	Id.	1887	50	1,2	R
1308	Id.	1888			
1309	Id.	1889	52	1	R
1310	Id.	1889	52	2	R
1311	Revista trimensal do Instituto historico et geografico Brazileiro (*Rio Janeiro*).	1890	53	1,2	R
1312	Id.	1891	54	1,2	R
1313	Id.	1882	55	1	R
1314	Id.	1892	55	2	?
1315	Id.	1893	56	1,2	B
1316	Id.	1894			
1317					
1318					
1319					
1320					
1321					
1322					
1323	Homenagen do Instituto historico, etc. — *Sessao extraordinaria en commemoração do fallecimento de S. M. o Sur. D. Pedro II alebrada a 4 de Março de 1892*...............	1892			B
1324	Christovam Colombo par P. da Silva...	1892			R
1325	Boletin del Instituto geografico Argentino (*Buenos-Ayres*).	1894	15	1 à 8	N.R
1326	Id. (*manquent n°s 1, 2, 5, 6, 7, 8*)..........	1895	16	3,4,9 à 12	N.R
1327	Id. (*plus 4 cartes sur El Chaco éditées en 1884*)..........	1896	17	1 à 12	N.R
1328					
1329					
1330					
1331					
1332	Jurisprudencia postal y telegrafica par Carles...................	1894	7		R
	Guide de l'émigrant au Brésil (Voir : *Géographie générale*).				

NUMÉROS du catalogue	TITRES DES PUBLICATIONS	ANNÉES	TOMES	NUMÉROS	ÉTAT
1333 1334 1335 1336 1337 1338 1339	Actes de la Société scientifique du Chili (Voir : *Publications étrangères en français*).				
	Hollandais.				
1340	Plakaatboek par Van der Chijs 1602-1642	1885	1		R
1341	Id. 1642-1678		2		Manque
1342	Id. 1678-1709	1886	3		R
1343	Id. 1709-1743	1887	4		R
1344	Id. 1745-1750	1888	5		R
1345	Id. 1750-1754	1889	6		R
1346	Id. 1755-1764	1890	7		B
1347	Id. 1765-1775	1891	8		B
1348	Id. (*Nieuwe statuten van Batavia*)..	1891	9		B
1349	Id. 1776-1787	1892	10		B
1350	Id. 1788-1794	1893	11		B
1351	Id. 1795-1799	1894	12		B
1352	Id. 1802-1803	1895	13		B
1353	Id. 1804-1808	1895	14		B
1354	Id. 1808-1809	1896	15		B
1355 1356 1357 1358					
1359	Dagh Register par Van der Chijs 1640-1644	1887			R
1360	Id. 1659	1889			R
1361	Id. 1663	1891			B
1362	Id. 1664	1893			B
1363	Id. 1665	1894			B
1364 1365 1366 1367					
1368	Nederlandsch Nieuw Guinea en de Papoesche Eilanden p. Haga	1884		1	R
1369	Bimaneesch Hollandsch Wordenbock p. Jonker.....................	1893			R
1370	Beschrijving der Oudheden, etc., p. Ijzerman (*Texte*)..	1891			R
1371	Id. (*Atlas*)..	1891			R

NUMÉROS du catalogue	TITRES DES PUBLICATIONS	ANNÉES	TOMES	NUMÉROS	ÉTAT
1372					
1373					
1374					
1375					
1376	Tijdschrift vor indische Taal Land en Volkenkunde .... (Bataviaasch genootschap van Kunsten en Wetenschappen).	1886	29		R
1377	Tijdschrift vor indische Taal Land en Volkenkunde ..	1887	30		R
1378	Id.	1888	31		R
1379	Id.	1889	32		R
1380	Id.	1890	33		R
1381	Id.	1891	34		R
1382	Id.	1892	35		R
1383	Id. (manquent nos 4,5)	1893	36	1,2,3,6	N.R
1384	Id.	1894	37		R
1385	Id.	1895	38		R
1386	Id. (manque no 4) ...	1896	39	1,2,3,5,6	N.R
1387	Id.	1897	40		N.R
1388					
1389					
1390					
1391	Notulen van de Algemeene en Beesturs-vergaderingen van het Bataviaasch genootschap, etc. (manquent nos 3, 4)	1883	21	1, 2	N.R
1892	Id.	1884	22	1 à 4	N.R
1393	Id. (manque no 3) ...	1885	23	1, 2, 4	N.R
1894	Id.	1886	24	1 à 4	N.R
1395	Id.	1887	25	1 à 4	N.R
1396	Id.	1888	26	1 à 4	N.R
1897	Id.	1889	27	1 à 4	N.R
1398	Id.	1890	28	1 à 4	N.R
1399	Id.	1891	29	1 à 4	N.R
1400	Id.	1892	30	1 à 4	N.R
1401	Id. (manque no 1) ...	1893	31	2, 3, 4	N.R
1402	Id.	1894	32	1 à 4	N.R
1403	Id. (manquent nos 1, 3, 4)	1895	33	2	N.R
1404	Id.	1896	34	1 à 4	N.R
1405	Id.	1897			
1406					
1407					
1408					
1409	Verhandelingen van het Bataviaasch genootschap, etc...	1885	45	1	
1410	Id.	1888	45	2	B
1411	Proeve van een Lampongsch hollandsche voordenlijst bepaal de lijk voor het dialect van Kroë door Hellrich (Verhandelingen, etc.)......		45	3	B

NUMÉROS du catalogue	TITRES DES PUBLICATIONS	ANNÉES	TOMES	NUMÉROS	ÉTAT
1412	Verzameling lampongsche teksten getranscribeerd onder toezicht van Helfrich (*Verhandelingen, etc.*)....		45	4	B
1413	Aanvullingen en verbeteringen behoorende bijente plaatsche acter de Proeve van een Lampongsch-Hollandsche woordenlijst, etc. (*Verhandelingen, etc.*), par Helfrich......		45	4	B
1414	Verhandelingen van het Bataviaasch genootschap, etc...............	1891	46		B
1415	Bijdragen tot de Kennis van het tompakewasch verzameld door Jellesma (*Verhandelingen, etc.*)............		47	1	B
1416	Verklaring van de Meest Tekende Javaansche raadsels in proza door Meijer Ranneft (*Verhandelingen, etc.*)...		47	2	B
1417	Geschichtlicher ueberblick de Administrativen rechtlichen und finanziellen entwicklung der Niederländisch-ostendischen compagnie von Klerk de Reus (*Verhandelingen, etc.*)........	1894	47	3	B
1418					
1419	Bimaneesche texten door Jonker (*Verhandelingen, etc.*)..............		48	2	B
1420	Bimaneesche spraakkunst door Jonker (*Verhandelingen, etc.*)...........	1896	48	3	B
1421	Pararaton, etc., par Branders (*Verhandelingen, etc.*)...............		49	1	B
1422	Verklaring van de Meest Tekende Javaansche raadsels in poëzie door Meijer Ranneft............		49	2	B
1423	Bijdrage tot de kennis van het dialekt van Sikka verzameld door Calon....		50	1	B
1424	Overzicht der Afdeeling soekadana door Barth.......................		50	2	B
1425	Het Landschap gowa door Eerdmans en geschiedenis van het rijk gowa door Erkelens (*Verhandelingen, etc.*)	1897	50	3	B
1426	De Deerde javaansche successieoorlog par Louw 1746-1755.............				B
1427	Register of de Notulen der Vergaderingen van het Bataviaasch genootschap, etc., 1879 t/m 1888 par Van der Chijs......................				B
1428	Verslag omtrent den Staat van Islands plantentum te Buitenzorg, etc.....	1887			B
1429	Verslag van de Werkzaamheden en Verrichtigen van het Bataviaasch genootschap, etc., 27 décembre 1888.	1888			B
1430	Verslag van de Kweekschool woor Machinisten Dienstjaar, septembre 1892-1893 Amsterdam................	1892-1893			B

NUMÉROS du catalogue	TITRES DES PUBLICATIONS	ANNÉES	TOMES	NUMÉROS	ÉTAT
1431	Liste des membres de l'Institut royal voor de Taal Land en Volkenkunde van Nederlandsch-indië (1er juin)	1894			B
1432	Id. (1er avril)	1896			B
1433	Id. (1er avril)	1897			B
1434	Catalogus der Numismatische verzameling van het Bataviaasch, etc., par Van der Chijs	1886	3		B
1435	Catalogus der archeologische verzameling van het Bataviaasch, etc, par Groeneveldt et Branders	1887			B
1436	Tijdschrift voor Nijverheid en Landbouw Nederlandsch-indië intgeven door de Nederlandsch indische Maatschappij ven Nijverheid en Landbouw.	1892	45	3	B
1437	Id.		46		
1438	Id.	1893	47	3, 4	N.R
1439	Id.	1894	48	5, 6, 1	N.R
1440	Id.	1894	49	2	B
1441	Id.	1895	50	3,4,5,6	N.R
1442	Id.	1895	51	2, 3	N.R
1443	Id.		52		
1444	Id.	1896	53	2, 3, 4	N.R
1445	Id.	1897	54	3,4,5,6	N.R
1446					
1447					
1448					
1449	Bijdragen tot de Taal-Land en Volkenkunde van Nederlandsch-indië (S'Gravenhage)	1885	34		R
1450	Id.	1886	35		R
1451	Id. (manque no 3)	1887	36	1, 2, 4	N.R
1452	Id.	1888	37		R
1453	Id. (manque no 1)	1889	38	2, 3, 4	N.R
1454	Id.	1890	39		R
1455	Id.	1891	40		R
7456	Id.	1892	41		R
1457	Id.	1893	42		R
1458	Id.	1894	43		R
1459	Id.		44		
1460	Id.	1895	45		R
1461	Id.	1896	46		R
1462	Id.	1897	47	1,2,3,4	N.R
1463					
1464					
1465					
1466	De Badoej's (S'Gravenhage) par Jacobs et Meijer	1891			B
1467	Het kongsiwezen van Borneo (S'Gravenhage) par de Groot	1885			B

NUMÉROS du catalogue	TITRES DES PUBLICATIONS	ANNÉES.	TOMES	NUMÉROS	ÉTAT
1468	Woordenlijst van de Barëë Taal Land en Volkenkunde, etc., par Kruyb (S'Gravenhage).................	1894			B
1469	Prof. Schlegel's, etc., par Serrurier...	1893			B
1470	De Garèbëg'ste Ngajogyakarta par Groneman (S'Gravenhage)...........	1895			R
1471	Un volume en hollandais dont les 8 premières pages sont perdues.........				B
1472	Het Burusch van masarété door Hendriks te masarété *(eiland Buru)*....	1897			B
1473					
1474					
1475					
1476					
1477					
1478					
1479					
1480					
1481					
1482					
1483					
1484					
1485					
1486					
1487					
1488					
1489					
	Italien.				
1490	Bollettina della Societa geografica italiana *(Rome)*......	1883		7 à 12	N.R
1491	Id.	1884	21		R
1492	Id.	1885	22		R
1493	Id.	1886		2	N.R
1494					
1495	L'Esplorazione commerciale de la Société d'Exploration commerciale de Milan.......................	1894		5 à 9	N.R
1496					
1497	Geografica per Tutti *(Milan)* (Incomplet)	1894		22, 23	N.R
1498	Id.	1895			R
1499	L'Universo (*Geografica per Tutti*)....	1896		1 à 24	N.R
1500	Id.	1897		1 à 12	N.R
1501					
1502					
1503					
1504	Bollettino della Societa africana d'Italia *(Naples)*........	1884			R
1505	Id. (*Incomplet*).	1885		4	N.R

— 45 —

NUMÉROS du catalogue	TITRES DES PUBLICATIONS	ANNÉES	TOMES	NUMÉROS	ÉTAT
1506	Bollettino della Societa africana d'Italia (Naples)	1886	5		N.R
1507	Id.	1887	6		R
1508	Id.	1888	7		R
	Id.	1889	8		
1509	Id.	1890	9		R
	Id.	1891	10		
1510	Id.	1892	11		R
	Id.	1893	12		
1511	(Incomplet).	1894	13	1 à 6	N.R
1512					
1513					
1514					
1515					
1516					
1517					
1518	L'Oriente (Revue trimestrielle de l'Institut oriental de Naples) (manquent nos 3, 4)	1894		1, 2	N.R
1519	Id.	1895		1 à 4	N.R
1520					
1521					
1522					
1523					
1524					
	Du coton, du chanvre, du lin et des laines en Italie (Voir : Industries).				
1525					
1526					
1527					
1528					
1529					
	Japonais.				
1530	Memoirs of the literature college imperial university of Japan	1887		1	B
1531	A Short statement of the aim and method of the Rômaji Kai (Roman alphabet association of Japan)	1885			B
1532	Rômaji zasshi			5	B
1533	The Hansei zasshi (un numéro).	1897			B
1534					
1535					
1536					
1537					
1538					
1539					
	Publications du Japon en anglais (Voir : Anglais).				

NUMÉROS du catalogue	TITRES DES PUBLICATIONS	ANNÉES	TOMES	NUMÉROS	ÉTAT
	Malais.				
1540 1541 1542 1543 1544	Vocabulaire français-malais (Voir : Encyclopédies).				
	Portugais.				
	(Se reporter à : *Espagnol et Portugais*)				
	Siamois.				
1545 1546 1547 1548 1549					
	Suédois.				
1550	Ymer	1883-1884			R
1551	Id.	1885			R
1552	Id. (*manquent* nos 5, 6, 7).	1886			N.R
1553	Id.	1886-1889			R
1554	Id.	1890-1892			R
1555	Id.	1893			Manque
1556	Id.	1894-1896			R
1557	Id.	1897			N.R
1558 1559 1560 1561 1562 1563 1564	Id.				
	Taï.				
1565 1566 1567 1568	Étude de la langue Taï par Diguet (*Tonkin*).	1895			B

NUMÉROS du catalogue	TITRES DES PUBLICATIONS	ANNÉES	TOMES	NUMÉROS	ÉTAT
1569					
1570					
1571					
1572					
1573					
1574					
1575					
1576					
1577					
1578					
1579					

4ᵉ Partie.

Périodiques de la France et de ses Colonies.

NUMÉROS du catalogue	TITRES DES PUBLICATIONS	ANNÉES	TOMES	NUMÉROS	ÉTAT
	I. — **Actes. — Annales. — Annuaires. — Archives. — Comptes rendus. — Chroniques.**				
	Actes de la Société scientifique du Chili (Voir : *Publications étrangères en français*).				
1580	Actes de la Société de géographie de Toulouse.....	1889		nº 7.	N.R
1581	Id.	1890		9,10,11,12	N.R
1582	Id.	1891			R
1583	Id. (*manquent* nᵒˢ 5,6.	1892			N.R
1584	Id.	1893			R
1585	Id.	1894			R
1586	Id. (*id.* nᵒˢ 7,8,11,12)	1895			N.R
1587	Id.				
1588					
1589					
1590					
1591					
1592	Annales agronomiques (*Déhérain*)	1875	1		R
1593	Id.	1876	2		R
1594	Id.	1877	3		R
1595	Id.	1878	4		R
1596	Id.	1879	5		R
1597	Id.	1880	6		R
1598	Id.	1881	7		R
1599	Id.	1882	8		R
1600	Id.	1883	9		R
1601	Id.	1884	10		R
1602	Id.	1885	11		R
1603	Id.	1886	12		R
1604	Id.	1887	13		R
1605	Id.	1888	14		R
1606	Id.	1889	15		R
1607	Id.	1890	16		R
1608	Id.	1891	17		R
1609	Id.	1892	18		R
1610	Id.	1893	19		R
1611	Id.	1894	20		R
1612	Id.	1895	21		R

NUMÉROS du catalogue	TITRES DES PUBLICATIONS	ANNÉES	TOMES	NUMÉROS	ÉTAT
1613	Annales agronomiques (*Déhérain*)....	1896	22		R
1614	Id. (*Incomplet*)...	1897			N.R
1615					
1616					
1617					
1618	Annales de l'Extrême-Orient.	1878-1879	1		R
1619	Id.	1879-1880	2		
1620	Id.	1880-1881	3		R
1621	Id.	1881-1882	4		R
1622	Id.	1882-1883	5		R
1623	Id.	1883-1884	6		R
1624	Id.	1884-1885	7		
1625	Id.	1885-1886	8		
1626	Annales de l'Extrême-Orient et de l'Afrique..	1886-1887	9		R
1627	Id. (*manquent 104 à 114*)	1887-1888	10	103	N.R
1628	Id. (*id.* 116 à 120)	1888-1889	11	115 à 126	N.R
1629	Id. (*id.* 130 et de 133 à 138)	1889-1890	12	127 à 132	N.R
1630	Id. (*Bi-mensuel*)......	1890-1891	13	139 à 162	N.R
1631					
1632					
1633					
1634					
1635					
1636					
1637					
1338					
1639					
1640	Annales du Jardin botanique et de la ferme expérimentale des Mares (*Incomplet*).....................	1879		3	B
	Annales de l'Université de Bruxelles (*Médecine*)(Voir: *Publications étrangères en français*).		Semestre		
1641	Annales industrielles.............	1872	1		R
1642	Id. (*Texte*)	1872	2		R
1643	Id.	1873	1		R
1644	Id.	1873	2		R
1645	Id.	1874	1		R
1646	Id.	1874	2		R
1647	Id.	1875	1		R
1648	Id.	1875	2		R
1649	Id.	1876	1		R
1650	Id.	1876	2		R
1651	Id.	1877	1		R
1652	Id.	1877	2		R
1653	Id.	1878	1		R
1654	Id.	1878	2		R
1655	Id.	1879	1		R

NUMÉROS du catalogue	TITRES DES PUBLICATIONS	ANNÉES	TOMES	NUMÉROS	ÉTAT
1656	Annales industrielles	1879	2		R
1657	Id.	1880	1		R
1658	Id.	1880	2		?
1659	Id.	1881	1		} R
	Id.	1881	2		
1660	Id.	1882	1		} R
	Id.	1882	2		
1661	Id.	1883	1		R
1662	Id.	1883	2		?
1663	Id.	1884	1		} R
	Id.	1884	2		
1664	Id.	1885	1		} R
	Id.	1885	2		
1665	Id. (Texte).	1886	1		R
1666	Id. (Texte).	1886	2		R
1867	Id. (Texte et planches).	1887	1		R
1668	Id. (id.).	1887	2		R
1669	Id. (manque n° 23) . . .	1888	1		N.R
1670	Id. (Texte).	1888	2		R
1671	Id.	1889	1		N.R
1672	Id.	1889	2		N.R
1673	Id.				
1674	Id.				
1675	Atlas des Annales industrielles (Planches séparées du texte relié à part)	1872			R
1676	Id.	1873			R
1677	Id.	1874			R
1678	Id.	1875			R
1679	Id.	1876			R
1680	Id.	1877			R
1681	Id.	1878			R
1682	Id.	1879			R
1683	Id.	1881-1882			R
1684	Id.	1883-1884			R
1685	Id.	1886			R
1686	Id.	1888			N.R
1687	Id.	1889			N.R
1688	Id.				
1689	Id.				
1690	Annales de la Société séricicole	1837			R
1691	Id.	1838			
1692	Id.	1839			R
1693	Id.	1840			R
1694	Id.	1841			R
1695	Id.	1842			R
1696	Id.	1843			R
1697	Id.	1844			R
1698	Id.	1845			R
1699	Id.	1846			R
1700	Id.	1847			R

— 51 —

NUMÉROS du catalogue	TITRES DES OUVRAGES	ANNÉES	TOMES	NUMÉROS	ÉTAT
1701	Annales de la Société séricicole	1848			R
1702	Id.	1849			R
1703	Id.	1850			R
1704	Id.	1851			R
1705	Id. (*Table analytique*)	1837-1847			R
1706	Annales de la Société botanique de Lyon (*Incomplet*)	1888		3, 4	
1707	Id.	1889			N.R
1708	Id.	1890			R
1709	Id.	1891			N.R
1710	Id. (*manquent n° 2, 3*)	1892		1, 4	N.R
1711	Id.	1893			N.R
1712	Annuaire de l'Indo-Chine française (*Cochinchine*)	1869-1877			R
1713	Id.	1880-1883			R
1714	Id.	1884-1885			R
1715	Id.	1886			
1716	Id.	1887			
1717	Id.	1888			
1718	Id.	1889			
1719	Id.	1890			
1720	Id.	1891			R
1721	Id.	1892			R
1722	Id.	1893			
1723	Id.	1894			
1724	Id.	1895			B
1725	Id.	1896			B
1726	Id.	1897			B
1727					
1728					
1729					
1730					
1731	Annuaire de l'Indo-Chine française (2e partie : *Annam-Tonkin*)	1897			B
1732					
1733					
1734					
1735	Annuaire de la Société des Études japonaises, chinoises, tartares et indo-chinoises	1881			B
1736	Annuaire de la Presse coloniale	1891			R
1737					
1738					
1739					
1740					
1741					
1742	Archives des Missions scientifiques et littéraires	1882	8		R
1743	Id.	1882	9		R
1744	Id.	1883	10		R

NUMÉROS du catalogue	TITRES DES PUBLICATIONS	ANNÉES	TOMES	NUMÉROS	ÉTAT
1745	Archives des Missions scientifiques et littéraires..	1885	11		R
1746	Id.	1885	12		R
1747	Id.	1887	13		R
1748	Id.	1888	14		
1749	Id.	1889	15		
1750	Id. (Table générale des 3 séries jusqu'au tome 15 inclus).	1890	15 bis.		R
1751	Id.	1891	1		R
1752	Id.	1892	2		R
1753	Id.	1892	3		R
1754	Id.	1893	4		R
1755	Id.	1893	5		R
1756	Id.	1895	6		R
1757	Id.				
1758					
1759					
1760					
1761					
1762					
1763					
1764					
1765					
1766					
1767					
1768					
1769					

II. — Bulletins des Sociétés correspondantes.

NUMÉROS du catalogue	TITRES DES PUBLICATIONS	ANNÉES	TOMES	NUMÉROS	ÉTAT
1770	Bulletin de la Société d'agriculture d'Alger.....	1869-1870		46, 47, 52, 53	N.R
1771	Id.	1872-1876			R
1772	Id.	1877-1883			R
1773	Id.	1884-1891			R
1774	Id.	1885		85 à 88	N.R
1775	Id. (Nos 90, 91, 92, 94, 96, 101, 102).	1890			N.R
1776					
1777	Bulletin de la Société de géographie d'Alger.....	1896		1, 2	N.R
1778	Id.	1897		1	N.R
1779					
1780					
1781					
1782	Bulletin de la Société industrielle d'Amiens (3 années incomplètes)......	1864-65-66			N.R

— 53 —

NUMÉROS du catalogue	TITRES DES PUBLICATIONS	ANNÉES	TOMES	NUMÉROS	ÉTAT
1783	Bulletin de la Société de géographie commerciale de Bordeaux	1874-1875		1	B
1784	Id.	1875-1878			
1785	Id.	1878-1879			R
1786	Id.	1880-1881			R
1787	Id. (*Possède encore n° 24. N. R.*)	1882-1883			R
1788	Id.	1884-1885			R
1788 bis	Id. (*id. les n°s 1, 3 à 12, 15. N. R*)	1884-1885			
1789	Id. (*id. n° 15 (1885) N.R*)	1885-1886			R
1789 bis	Id. (*id. n°s 11 à 19, 21, 23, 24 (1886) N.R*).				
1790	Id. (*id. n°s 10, 11, 17, 18, 19. N.R*)...	1887			R
1791	Id.	1888			R
1792	Id.	1889			R
1793	Id.	1890			R
1794	Id.	1891			R
1795	Id.	1892			R
1796	Id.	1893			R
1797	Id.	1894			R
1798	Id.	1895			R
1799	Id.	1896			R
1800	Id.	1897		1 à 13	N.R
1801					
1802					
1803					
1804	Bulletin de la Société académique de Brest	1885-1886	11	2e Série	R
1805	Id.	1886-1887	12	id.	R
1806	Id.	1887-1888	13	id.	
1807	Id.	1888-1889	14	id.	
1808	Id.	1889-1890	15	id.	R
1809	Id.	1890-1891	16	id.	R
1810	Id.	1891-1892	17	id.	R
1811	Id.	1892-1893	18	id.	R
1812	Id.	1893-1894	19	id.	
1813	Id.	1894-1895	20	id.	R
1814	Id.	1895-1896			
1815		1896-1897			
1816					
1817					
1818					
1819	Bulletin de la Société de Borda (*Dax*).	1879	4		R
1820	Id.	1880	5		
1821	Id.	1881	6		R
	Id.	1882	7		
1822	Id.	1883	8		R
	Id.	1884	9		
1823	Id.	1885	10		R

— 54 —

NUMÉROS du catalogue	TITRES DES PUBLICATIONS	ANNÉES	TOMES	NUMÉROS	ÉTAT
1824	Bulletin de la Société de Borda *(Dax)*.	1886	11		R
1825	Id.	1887	12		R
1826	Id.	1888	13		R
1827	Id. (*Incomplet*)...	1889	14		N.R
1828	Id. (*id.*)...	1890	15		N.R
1829	Id.	1891	16		R
1830	Id.	1892	17		R
1831	Id.	1893	18		R
1832	Id.	1894	19		R
1833	Id.	1895	20		R
1834	Id.	1896			
1835	Id.	1897			
1836					
1837					
1838	Bulletin de la Société d'agriculture de Douai (Voir : *Mémoires*).				
1839	Bulletin de la Société des sciences et arts agricoles et horticoles du Havre...	1885		33	N.R
1840	Id.	1886		35, 36	N.R
1841	Id.	1887		37 à 40	N.R
1842	Id.	1888			
1843	Id.	1889			
1844	Id.	1890		42	N.R
1845	Id.	1891		43, 44	N.R
1846	Bulletin de la Société d'horticulture du Havre (*Suite de la précédente*)......				Manque
1847					
1848					
1849	Bulletin de la Société de géographie commerciale du Havre..........	1884		1	N.R
1850	Id.	1884-1885			R
1851	Id. (*manquent les nos 3-6*)	1886			N.R
1852	Id.	1887			R
1853	Id.	1888			R
1854	Id.	1889			R
1855	Id.	1890			R
1856	Id.	1891			R
1857	Id.	1892			R
1858	Id.	1893			R
1859	Id. (*manque le n° 6*)..	1894			N.R
1860	Id. (*id.* 2).	1895			N.R
1861	Id. (*id.* 4).	1896			N.R
1862	Id.	1897		1er Trim.	N.R
1863	Id				
1864	Id.				
1865	Id.				

NUMÉROS du catalogue	TITRES DES PUBLICATIONS	ANNÉES	TOMES	NUMÉROS	ÉTAT
1866	Bulletin de la Société d'horticulture et d'agriculture d'Hyères (*Var*)......	1897			N.R
1867					
1868					
1869					
1870	Bulletin de la Société bretonne de géographie de Lorient.	1883		7, 8, 9	N.R
1871	Id.	1884			R
	Id.	1885			
1872	Id.	1886		24 à 28	N.R
1873	Id. (*manquent les n°s 31, 33*).	1887		29 à 34	N.R
1874	Id.	1888		35 à 40	N.R
1875	Id. (*id. les n°s 41, 42*).	1889		43, 44	N.R
1876	Id.	1890		45	N.R
1877	Id.	1891-1893			R
1878	Id.	1894			N.R
1879	Id.	1895			N.R
1880	Id.	1896			N.R
1881	Id.	1897			N.R
1882					
1883					
1884					
	Bulletin de la Société botanique de Lyon (Voir : *Annales*).				
1885	Bulletin de la Société de géographie de Lyon..........	1880-1881			R
1886	Id.	1882			
1887	id.	1883			
1888	Id.	1884			R
1889	Id.	1885			
1890	Id.	1886		2,3,4,5	N.R
1891	Id.	1887		6	N.R
1892					
1893					
1894					
1895	Bulletin de la Société de géographie de Marseille.....	1880-1882			R
1896	Id.	1883			R
1897	Id.	1884-1885			R
1898	Id. (*Incomplet*)..	1886		1	N.R
1899	Id. (*manque*)....	1887-1895			
1900	Id.	1896			N.R
1901					
1902					
1903					
1904					
1905	Bulletin de la Société d'horticulture de Marseille.....	1862			R
1906	Id.	1863			R
1907	Id.	1864			R

— 56 —

NUMÉROS du catalogue	TITRES DES PUBLICATIONS	ANNÉES	TOMES	NUMÉROS	ÉTAT
1908					
1909					
1910	Bulletin de la Société languedocienne de géographie (Montpellier) (fragments de ces années), ...	1880-1885			R
1911	Id.	1881			R
1912	Id.	1882			R
1913	Id.	1883			R
1914	Id.	1884		1er Te	N.R
1915	Id.	1885			R
1916	Id.	1886		1er,2e,3e Te	N.R
1917	Id.	1887			R
1918	Id.	1888-1889			R
1919	Id.	1890			R
1920	Id.	1891		1er Te	N.R
1921	Id.	1892		1er,2e Te	N.R
1922	Id.	1893		1er,2e,4e Te	N.R
1923	Id.	1894			R
1924	Id.	1895			R
1925					
1926					
1927					
1928					
1929					
1930	Bulletin de la Société de géographie de l'Est (Nancy)...	1884	6		R
1931	Id.	1885	7		R
1932	Id.	1886	8		R
1933	Id.	1887	9		R
1934	Id.	1888	10		R
1935	Id.	1889	11		R
1936	Id.	1890	12		R
1937	Id.	1891	13		R
1938	Id.	1892	14		R
1939	Id.	1893	15		R
1940	Id.	1894	16		R
1941	Id.	1895	17		R
1942					
1943					
1944					
1945					
1946	Bulletin de la Société de géographie de Nantes	1886		3e,4e Te	N.R
1947	Id.	1887		1er,3e,4e Te	N.R
1948	Id.	1888		1er Te	N.R
1949	Id.	1889		Complet.	N.R
1950	Id.	1890		2e,3e,4e Te	N.R
1951	Id.	1891		1er,2e Te	N.R
1952	Id.	1892		3e,4e Te	N.R
1953	Id.	1893		3e,4e Te	N.R

NUMÉROS du catalogue	TITRES DES PUBLICATIONS	ANNÉES.	TOMES	NUMÉROS	ÉTAT
1954	Bulletin de la Société de géographie de Nantes.....	1894		2e,3e,4e Te	N.R
1955	Id.	1895		3e,4e Te	N.R
1956	Id.	1896			N.R
1957					
1958					
1959					
1960	Bulletin-Journal de la Société centrale d'agriculture, d'horticulture et d'acclimatation des Alpes maritimes (*Nice*)...	1879-1885			R
1961	Id. (*manque de 1 à 4*)..	1886		5 à 12	N.R
1962	Id. (*id. 1. 6, 8*)...	1887			N.R
1963	Id.	1888 et 1892			R
1964	Id.	1889		1 à 12	N.R
1965	Id.	1890		1 à 12	N.R
1966	Id.	1891		1 à 12	N.R
1967	Id. (*Cette année se trouve reliée avec 1888*)..	1892		1 à 12	
1968	Id.	1893		1 à 12	N.R
1969	Id.	1894		4, 6	N.R
1970	Id. *manquent 4, 7, 9, 11*)	1895			N.R
1971	Bulletin mensuel de la Société(*manquent nos 4, 8*).......	1896			N.R
1972	Id.	1897			N.R
1973					
1974					
1975					
1976	Bulletin de la Société de géographie et d'archéologie d'Oran.	1879		5	N.R
1977	Id.	1880		7	N.R
1978	Id.	1881-1882	2		R
1979	Id.	1883	3		N.R
1980	Id. (*manquent 20, 21*)..	1884	4	22, 23	N.R
1981	Id. (*Le Bulletin des Antiquités africaines, 3e vol., s'y trouve compris*)........	1885	5		R
1982	Id.	1886	6	28	N.R
1983	Id.	1887	7		R
1984	Id.	1888-1889	8-9		R
1985	Id.	1890	10	45, 46, 47	N.R
1986	Id.	1891	11	48	N.R
1987	Id.	1892	12		
1988	Id.	1893	13	56	N.R
1989	Id.	1894	14		R
1990	Id.	1895	15	65, 6 6	N.R
1991	Id.	1896	16		R
1992	Id.	1897	17		N.R

— 58 —

NUMÉROS du catalogue	TITRES DES PUBLICATIONS	ANNÉES	TOMES	NUMÉROS	ÉTAT
1993					
1994					
1995					
1996	Bulletin des Antiquités africaines (Société de géographie et d'archéologie d'Oran) (Voir : Archéologie n° 787).	1884		1, 3, 4	N.R
1997					
1998	Bulletin de la Société impériale zoologique d'acclimatation (Paris)	1865	2		R
1999	Id.	1866	3		R
2000	Id.	1867	4		R
2001	Id.	1868	5		R
2002	Id.	1869	6		R
2003	Id.	1870	7		R
2004	Bulletin de la Société d'acclimatation de Paris	1871	8		R
2005	Id.	1872	9		R
2006	Id.	1873	10		R
2007	Id.	1874	1		R
2008	Id.	1875	2		R
2009	Id.	1876	3		R
2010	Id.	1877	4		R
2011	Id.	1878	5		R
2012	Id.	1879	6		R
2013	Id.	1880	7		R
2014	Id.	1881	8		R
2015	Bulletin mensuel de la Société nationale d'acclimatation de France (Voir Revue bimensuelle à : Revues)	1882	9		R
2016	Id.	1883	10		R
2017	Id.	1884	1		R
2018	Id.	1885			R
2019	Id. (Possède encore les n°s de 3 à 12. N.-R)	1886			R
2020	Id. (manquent n°s 3, 4).	1887			N.R
2021	Id. (2 Bulletins dépareillés et 1 supplément)	1888			N.R
2022					
2023					
2024	Bulletin de la Société zoologique de France (Voir aussi : Mémoires)	1880-1881	5, 6		R
2025	Id.	1882	7		R
2026	Id.	1883	8		R
2027	Id.	1884			R
2028	Id.	1885	10		R

NUMÉROS du catalogue	TITRES DES PUBLICATIONS	ANNÉES	TOMES	NUMÉROS	ÉTAT
2029	Bulletin de la Société zoologique de France (Voir aussi : *Mémoires*)......	1886	11		R
2030	Id.	1887	12		R
2031	Id.	1888	13	1 à 7	N.R
2032	Id.	1889	14	9	N.R
2033	Id.	1890	15	8,9,10	N.R
2034	Id. (*manque le n° 7*)..	1891	16	1 à 10	N.R
2035	Id.	1892	17	Complet.	N.R
2036	Id.	1893	18		R
	Id.	1894	19		
2037	Id. (*manque le n° 4*)..	1895	20	1 à 10	N.R
2038					
2039					
2040					
2041					
2042					
2043	Bulletin du Muséum d'histoire naturelle de Paris (*manquent les n°s 4, 5*)......	1895		1 à 8	N.R
2044	Id.	1896		1	N.R
2045					
2046					
2047					
2048	Bulletin de la Société nationale d'agriculture de France.	1880	40		R
2049	Id.	1881	41		R
2050	Id.	1882	42		R
2051	Id.	1883	43		R
2052	Id.	1884	44		R
2053	Id.	1885	45		R
2054	Id.	1886		1, 2, 3	N.R
2055	Bulletin de l'Association scientifique de France..........	1881-1882	4, 5		R
2056	Id.	1882-1883	6, 7		R
2057	Id.	1883-1884	8, 9		R
2058	Id.	1884-1885	10		R
2059	Id.	1885-1886	11,12		R
2060	Id.	1886	13		R
2061	Id.				
2062	Bulletin du Comité des travaux historiques et scientifiques (*Paris*).........	1893			R
2063	Id.	1894			R
2064	Id.	1895			R
2065					
2066					
2067					
2068	Bulletin de la Société philomatique de Paris...........	1883-1884	8		R
2069	Id.	1884-1885	9		

— 60 —

NUMÉROS du catalogue	TITRES DES PUBLICATIONS	ANNÉES	TOMES	NUMÉROS	ÉTAT
2070	Bulletin de la Société philomatique de Paris..........	1885-1886	10		
2071	Id.	1886-1887	11		R
2072	Id.	1887-1888			
2073	Id.	1888-1889			
2074	Id.	1889-1891			R
2075	Id.	1891-1892			
2076	Id.	1892-1893			R
2077					
2078					
2079					
2080					
2081					
2082	Bulletin de la Société de géographie de Paris..........	1878	15		R
2083	Id.	1878	16		
2084	Id.	1879	17		R
2085	Id.	1879	18		R
2086	Id.	1880	19		R
2087	Id.	1880	20		R
2088	Id.	1881	1		R
2089	Id.	1881	2		R
2090	Id.	1882	3		R
2091	Id. (Comptes rendus).	1882			
2092	Id.	1883	4		
2093	Id. (Comptes rendus).	1883			R
2094	Id.	1884	5		
2095	Id. (Comptes rendus).	1884			R
2096	Id.	1885	6		R
2097	Id (Comptes rendus).	1885			R
2098	Id.	1886-1887	7, 8		R
2099	Id. (Comptes rendus, manque n° 4)..	1886		1 à 19	N.R
2100	Id. (Comptes rendus).	1887			R
2101	Id.	1888	9		R
2102	Id.	1888	9	2e Trim.	N.R
2103	Id. (Comptes rendus..	1888			R
2104	Id.	1889	10		R
2105	Id. (Comptes rendus).	1889			R
2106	Id	1890	11	1er, 3e Te	N.R
2107	Id. (Comptes rendus).	1890			R
2108	Id.	1891	12		R
2109	Id. (Comptes rendus).	1891			R
2110	Id.	1892	13	1er Trim.	N.R
2111	Id. (Comptes rendus, incomplets)....	1892			N.R
2112	Id.	1893	14	1,3,4	N.R
2113	Id.		15	1,2,3,4	N.R
2114	Id. (Comptes rendus, manque n° 3)..	1894		1 à 19	N.R

NUMÉROS du catalogue	TITRES DES PUBLICATIONS	ANNÉES	TOMES	NUMÉROS	ÉTAT
2115	Bulletin de la Société de géographie de Paris (*Bulletins et comptes rendus*)..	1895	16		R
2116		1896	17	2, 3	N.R
2117	Id. (*Comptes rendus*).	1896		Complets.	N.R
2118	Id. (id.).	1897			N.R
2119					
2120					
2121					
2122					
2123					
2124					
2125	Bulletin de la Société de géographie commerciale de Paris.	1880-1881	3		R
	Id.	1881-1882	4		
	Id.	1882-1883	5		
2126	Id. (*Double*)........	1881-1882			R
2127	Id.	1883-1884	6		R
2128	Id.	1884-1885	7		R
2129	Id.	1885-1886	8		R
2130	Id.	1886-1887	9		R
2131	Id.	1887-1888	10		R
2132	Id.	1888-1889	11		R
2133	Id.	1889-1890	12		R
2134	Id. (*manque n° 2*)....	1890-1891	13		N.R
2135	Id.	1891-1892	14		R
2136	Id. (id. n° 3).....	1893	15		N.R
2137	Id. (id. de 3 à 9).	1894	16	1, 2	N.R
2138	Id. (id. n° 11)....	1895	17		N.R
2139	Id.	1896	18		R
2140	Id.	1897	19		N.R
2141					
2142					
2143					
2144	Bulletin de la Société des études coloniales et maritimes (*Paris*).........	1876-1879			R
	Id.	1880			
2145	Id.	1881			R
	Id.	1882			
	Id.	1883			
2146	Id.	1884			R
	Id.	1885			
	Id.	1886			
2147	Id. (*Possède encore 3, 4, 9, 10, 11, 12. N.R*).	1887			R
2148	Id.	1888		74,75,76, 77,79	N.R
2149	Id.	1889			R
	Id.	1890			
2150	Id. (*manque n° 106*)..	1891			N.R

— 62 —

NUMÉROS du catalogue	TITRES DES PUBLICATIONS	ANNÉES	TOMES	NUMÉROS	ÉTAT
2151	Bulletin de la Société des études coloniales et maritimes (Paris) (manquent n°s 117, 121).....	1892			N.R
2152	Id. (manque n° 124).. (Cette série s'arrête en juillet 1893 avec le n° 128).	1893			N.R
2153	Bulletin de la Société française de colonisation (Sur la Ramie)...........	1888		11	B
2154	Bulletin de l'Exposition permanente des colonies........................	1893		1, 2	N.R
2155	Bulletin de l'Union coloniale française (Paris)......	1894-1896			R
2156	Id. (La Quinzaine coloniale)...	1897			N.R
2157					
2158					
2159					
	Publications spéciales de l'Union coloniale française :				
2160	Conseils à ceux qui veulent s'établir aux colonies....... .... (4 ex).				B
2161	Le Soudan français................				B
2162	Le Régime commercial de l'Indo-Chine française (*Annam* et *Tonkin*).....				B
2163	Le port d'Haïphong accessible aux grands navires.. .... (2 ex).				B
2164	Le port du Tonkin dans la rade de Tien-yen................ (2 ex).				B
2165	Le Guide de l'émigrant en Nouvelle-Calédonie......................				B
2166	Les grandes Compagnies de colonisation p. Leroy-Beaulieu .... (2 ex).				B
2167	Les colonies et l'enseignement géographique p. Marcel-Dubois...........				B
2168	Les câbles sous-marins et la défense de nos colonies p. Depelley........				B
2169	Comment rendre nos colonies prospères p. Charles Roux................. .				B
2170	Rapport de l'exercice 1893-1894. (2 ex). Id. 1894-1895. (2 ex)- Id. 1895-1896. (2 ex)				B B B
2171					
2172					
2173					
2174					
2175	Bulletin de la Société académique indo-chinoise	1881	1		R
2176	Id.	1882-1883	2		R
2177	Id.	1884-1890			R
2178					

NUMÉROS du catalogue	TITRES DES PUBLICATIONS	ANNÉES	TOMES	NUMÉROS	ÉTAT
2179					
2180	Bulletin de la Presse	1896		1	N.R
2181	Id.	1897		2,5,8,14	N.R
2182					
2183					
2184	Bulletin de la Société des sciences et des arts de la Réunion.	1880			R
2185	Id.	1881-1884			R
2186	Id.	1885-1887			R
2187	Id.	1886			R
2188	Bulletin de la Société de géographie de Rochefort.	1879-1881	1, 2		R
2189	Id.	1881-1883	3, 4		R
2190	Id.	1883-1884	5		R
2191	Id.	1884-1886	6, 7		R
2192	Id.	1886-1887	8		R
2193	Id.	1887-1888		2,3,4 plus Annuaire	N.R
2194	Id.	1888-1889			
2195	Id.	1889-1890		4	N.R
2196	Id.	1890-1891			R
2197					
2198					
2199					
2200	Bulletin de la Société normande de géographie de Rouen..	1883-1884	5, 6		R
2201	Id.	1885-1886	7, 8		R
2202	Id. *(manquent les 2 premiers numéros)*...	1887			N.R
2203					
2204	Bulletin du Comité agricole et industriel de la Cochinchine (*Saigon*).	1865-1867			R
2205	Id.	1865-1868			R
2206	Id.	1865-1871			R
2207	Id.	1865-1877			R
2208	Id.	1872-1877			R
2209	Id.	1878-1881			R
2210	Id.	1880-1881			R
2211	Bulletin de la Société des études indo-chinoises de Saigon (*Collection reliée*)..	1882-1888			R
2212	Id.	1889-1890			R
2213	Id. (2 ex)...	1890-1893			R
2214	Id. (2 ex)...	1882-1888			R
2215	Id. (2 ex)...	1888-1890			R
2216	Id. (2 ex)...	1890-1894			R
2217					
2218					
2219	Bulletin officiel de l'Indo-Chine française (*1re partie*) (*Saigon*).	1892			R

NUMÉROS du catalogue	TITRES DES PUBLICATIONS	ANNÉES	TOMES	NUMÉROS	ÉTAT
2220					
2221	Bulletin de la Société de géographie de St-Nazaire.................	1890		7	N.R
2222	Bulletin du Comité d'études du Tonkin.	1886			R
2223	Id.	1887			N.R
2224	Bulletin de la Société de géographie de Toulon...	1889	7		N.R
2225	Bulletin de la Société d'agriculture, d'horticulture et d'acclimatation du Var à Toulon (*La Provence agricole et horticole*).....	1869-1876			R
2226	Id.	1877-1879			R
2227	Id.	1880-1883			R
2228	Id.	1884-1885			R
2229	Id.	1886,1888 et 89			R
2230	Id.	1887			R
2231	Id.	1889-1890			R
2232	Id.	1890-1892			R
2233	Id.	1893-1895			R
2234	Id. (*manque le n° 1*).	1896			N.R
2235	Id.	1897		1 à 18	N.R
2236					
2237					
2238	Bulletin de la Société de géographie de Toulon (Voir : *Actes*).				
2239	Bulletin (*ou Revue*) de la Société de géographie de Tours..	1884-1885			R
2240	Id. (*Possède encore de 3 à 12. — N.R)*...	1886			R
2241	Id.	1887		3 à 5	N.R
2242	Id.	1888-1889			R
2243	Id. (*manquent n°s 5, 8*).	1890			N.R
2244	Id.	1891			N.R
2245	Id.	1892			N.R
2246	Id. (*manque le n° 1*) ...	1893			N.R
2247	Id.	1894			N.R
2248	Id.	1895			N.R
2249	Id.	1896			N.R
2250	Id.	1897		1	N.R
2251					
2252					
2253	Bulletin de la Société centrale de médecine vétérinaire (Voir : *Animaux*).				
2254					
2255					
2256					
2257					

NUMÉROS du catalogue	TITRES DES PUBLICATIONS	ANNÉES	TOMES	NUMÉROS	ÉTAT
2258					
2259					
2260					
2261					
2262					
2263					
2264					
2265					
2266					
2267					
2268					
2269					
	III. — Journaux (agricoles, géographiques, judiciaires, littéraires, politiques, scientifiques, etc.)				
2270	Journal d'agriculture pratique (Voir complément à : Revue).......	1853		1er Se	R
2271	Id.	1853		2	R
2272	Id.	1854			
2273	Id.	1854		2	R
2274	Id.	1855		1	R
2275	Id.	1855		2	R
2276	Id.	1856			
2277	Id.	1856		2	R
2278	Id.	1857-1863			
2279	Id.	1863		1, 2	R
2280	Id.	1864		1, 2	R
2281	Id.	1865		1, 2	R
2282	Id.	1866		1	R
2283	Id.	1866		2	R
2284	Id.	1867		1	R
2285	Id.	1867		2	R
2286	Id.	1868		1	R
2287	Id.	1868		2	R
2288	Id.	1869		1	R
2289	Id.	1869		2	R
2290	Id.	1870		1	R
2291	Id.	1870		2	R
2292	Id.	1872		1	R
2293	Id.	1872		2	R
2294	Id.	1873		1	R
2295	Id.	1873		2	R
2296	Id.	1874		1	R
2297	Id.	1874		2	R

NUMÉROS du catalogue	TITRES DES PUBLICATIONS	ANNÉES	TOMES	NUMÉROS	ÉTAT
2298	Journal d'agriculture pratique (Voir complément à : Revue)......	1875		1	R
2299	Id.	1875		2	R
2300	Id.	1876		1	R
2301	Id.	1876		2	R
2302	Id.	1877		1	R
2303	Id.	1877		2	R
2304	Id.	1878		1	R
2305	Id.	1878		2	R
2306	Id.	1879		1	R
2307	Id.	1879		2	R
2308	Id.	1880		1	R
2309	Id.	1880		2	R
2310	Id.	1881		1	R
2311	Id.	1881		2	R
2312	Id.	1882		1	R
2313	Id.	1882		2	R
2314	Id.	1883		1	R
2315	Id.	1883		2	R
2316	Id.	1884		1	R
2317	Id.	1884		2	R
2318	Id.	1885		1	R
2319	Id.	1885		2	R
2320	Id.	1886		1	R
2321	Id.	1886		2	R
2322	La Géographie............	1890			N.R
2323	Id.	1891			N.R
2324	Id.	1892			
2325	Id.	1893			N.R
2326	Id.	1894			R
2327	Id. (manque le n° 327)	1895			N.R
2328	Id.	1896			R
2329	Id.	1897			N.R
2330	Id.				
2331					
2332					
2333	Le Tour du Monde............	1860	1		R
2334	Id.	1860	2		R
2335	Id.	1861	3		R
2336	Id.	1861	4		R
2337	Id.	1862	5		R
2338	Id.	1862	6		R
2339	Id.	1863	7		R
2340	Id.	1863	8		R
2341	Id.	1864	9		R
2342	Id.	1864	10		R
2343	Id.	1865	11		R
2344	Id.	1865	12		
2345	Id.	1866	13		R

NUMÉROS du catalogue	TITRES DES PUBLICATIONS	ANNÉES	TOMES	NUMÉROS	ÉTAT
2346	Le Tour du Monde (suite.).........	1866	14		R
2347	Id.	1867	15		R
2348	Id.	1867	16		R
2349	Id.	1868	17		R
2350	Id.	1868	18		R
2351	Id.	1869	19		R
2352	Id.	1869	20		R
2353	Id.	1870-1871	21		R
2354	Id.	1870-1871	22		R
2355	Id.	1872	23		R
2356	Id.	1872	24		R
2357	Id.	1873	25		R
2358	Id.	1873	26		R
2359	Id.	1874	27		R
2360	Id.	1874	28		R
2361	Id.	1875	29		R
2362	Id.	1875	30		R
2363	Id.	1876	31		R
2364	Id.	1876	32		R
2365	Id.	1877	33		R
2366	Id.	1877	34		R
2367	Id.	1878	35		R
2368	Id.	1878	36		R
2369	Id.	1879	37		R
2370	Id.	1879	38		R
2371	Id.	1880	39		R
2372	Id.	1880	40		R
2373	Id.	1881	41		R
2374	Id.	1881	42		R
2375	Id.	1882	43		R
2376	Id.	1882	44		R
2377	Id.	1883	45		R
2378	Id.	1883	46		R
2379	Id.	1884	47		R
2380	Id.	1884	48		R
2381	Id.	1885	49		R
2382	Id.	1885	50		R
2383	Id.	1886	51		R
2384	Id.	1886	52		R
2385	Id.	1887	53		R
2386	Id.	1887	54		R
2387	Id.	1888	55		R
2388	Id.	1888	56		R
2389	Id.	1889	57		
2390	Id.	1889	58		
2391	Id.	1890	59		R
2392	Id.	1890	60		R
2393	Id.	1891	61		R
2394	Id.	1891	62		R
2395	Id.	1892	63		R

NUMÉROS du catalogue	TITRES DES PUBLICATIONS	ANNÉES	TOMES	NUMÉROS	ÉTAT
2396	Le Tour du Monde (suite)	1892	64		R
2397	Id.	1893	65		R
2398	Id.	1893	66		
2399	Id.	1894	67		
2400	Id.	1894	68		
2401	Id. ((manquent les n°s 22, 23, 24, 25).	1895	69		N.R
2402	Id.	1895	70		N.R
2403	Id. (manque le n° 2).	1896	71		N.R
2404	Id. (id. le n° 34)	1896	72		N.R
2405					
2406					
2407					
2408					
2409					
2410					
2411					
2412					
2413	L'Explorateur.	1875-1876			R
2414	Le Gazette géographique et exploration.	1886	22	1er Se	R
2415	Id.	1886	22	2e Se	R
2416	Id.	1887	23	1, 2	R
2417	Journal asiatique (de la Société asiatique de Paris) .	1884	3, 4		R
2418	Id.	1885	5, 6		R
2419	Id. (Tome 8 incomplet).	1886	7, 8		R
2420	Id.	1887	9,10		R
2421	Id.	1888	11,12		R
2422	Id.	1889	13		R
2423	En Route.....................	1896-1897			N.R
	La Quinzaine coloniale (Voir : Bulletin de l'U. C. F.).				
	La Tribune (de Penant) (Voir : Législation).				
2424	Le Journal officiel de la Cochinchine et du Cambodge...	1879-1880			R
2425	Id.	1881			R
2426	Id.	1882			R
2427	Id.	1883			R
2428	Id.	1884			R
2429	Id.	1885			R
2430	Id.	1886			R
2431	Id.	1887			R
2432	Id.	1888			R
2433	Id.	1889			R
2434	Id.	1890			R
2435	Id.	1891			R
2436	Id.	1892			R
2437	Id.	1893		1er Se	R
2438	Id. (manquent les n^{os}62, 71, 74)........	1893		2e Se	N.R

NUMÉROS du catalogue	TITRES DES PUBLICATIONS	ANNÉES	TOMES	NUMÉROS	ÉTAT
2439	Le *Journal officiel* de la Cochinchine et du Cambodge..	1894		1	N.R
2440	Id. (*manquent les n°s 91, 93*)......	1894		2	N.R
2441	Id. (*manque le n° 5*).	1895		1	N.R
2442	Id. (*id.* le n° 55).	1895		2	N.R
2443	Id.	1896		1	R
2444	Id. (*id.* les n° 79, 104 et la table).	1896		2	N.R
2445	Id.	1897		1	N.R
2446	Id.	1897			
2447					
2448					
2449					
2450					
2451					
2452					
2453	Le *Journal officiel* de l'Indo-Chine (*Annam-Tonkin*).	1893		Incomplet	N.R
2454	Id.	1894		id.	N.R
2455					
2456					
2457					
	Journal du Tonkin (*en caractères chinois* (Voir: *Chinois*).				
2458	Le Moniteur du Protectorat de l'Annam et du Tonkin...	1888		Incomplet	N.R
2459	Le Monde moderne...............	1896	3	1er Se	N.R
2460	Id.	1896	4	2	N.R
2461	Id.	1897	5	1	N.R
2462					
2463					
2464					
2465					
2466					
2467	L'Avenir des colonies et de la marine.	1883			R
2468	Id.	1884-1885			R
2469	Id.	1886		Incomplet	N.R
2470	La Dépêche coloniale (*depuis 1896*)...				N.R
2471	L'Indépendance belge (*depuis 1893*)..				N.R
2472	Indépendant de Saigon......	1882-1883			R
2473	Le Saigonnais....................	1884			R
2474	Id.	1884-1886			R
2475	Id.	1887			N.R
2476	Le Cochinchinois	1888			N.R
2477	Id.	1889			N.R
2478	Id.	1890			N.R
2479	Id.	1892			N.R
2480	Le Progrès de Saigon	1891			N.R
2481	Id.	1892			N.R
2482	Id.	1893			N.R

NUMÉROS du catalogue	TITRES DES PUBLICATIONS	ANNÉES	TOMES	NUMÉROS	ÉTAT
2483	Le Progrès de Saigon..............	1894			N.R
2484	Id.	1895			N.R
2485	Le Progrès commercial.............	1895			N.R
2486	Le Saigon républicain.............	1888			N.R
2487	L'Avenir de Cochinchine...........	1891			N.R
2488	L'Indo-Chine française...........	1891			N.R
2489	La Tribune (*de Fabole*)...........	1891-1892		Incomplet	N.R
2490	Le Courrier saigonnais............				
2491	Le Courrier de Saigon............	1894			N.R
2492	Id.	1896			N.R
2493	Id.	1897			N.R
2494					
2495					
2496	Le Mékong......................	1894			N.R
2497	Id.	1895			N.R
2498	Id.	1896			N.R
2499	Id.	1897			N.R
2500					
2501					
2502	La Semaine coloniale.............	1897			N.R
2503	Les Petites Affiches Saigonnaises (*depuis 1896*)............................				N.R
2504	Le Courrier d'Haiphong (*depuis 1886*).			Incomplet	N.R
2505	L'Avenir du Tonkin (*depuis 1886*)....			Id.	N.R
2506	L'Indo-Chine française...........	1890		id.	N.R
2507	L'Extrême-Orient.................	1886		id.	N.R
2508					
2509					
2510	Journal des Savants..............	1882			R
2511	Id.	1883			R
2512	Id.	1884			R
2513	Id.	1885			R
2514	Id.	1886			R
2515	Id.	1887			R
2516	Id.	1888			
2517	Id.	1889			
2518	Id.	1890			
2519	Id.	1891			R
2520	Id.	1892			R
2521	Id.	1893			R
2522	Id.	1894			N.R
2523	Id.	1895			R
2524	Id.	1896			N.R
2525		1897			
2526					
2527					
2528					
2529	La Nature.....................	1883		1er, 2e Se	R
2530	Id.	1884		1, 2	R
2531	Id.	1885		1, 2	R

— 71 —

NUMÉROS du catalogue	TITRES DES PUBLICATIONS	ANNÉES.	TOMES	NUMÉROS	ÉTAT
2532	La Nature	1886		1, 2	R
2533	Id.	1887		1, 2	R
2534	Id.	1888		1	R
2535	Id.	1888		2	R
2536	Id.	1889		1	R
2537	Id.	1889		2	R
2538	Id.	1890		1	R
2539	Id.	1890		2	R
2540	Id.	1891		1	R
2541	Id.	1891		2	R
2542	Id.	1892		1	R
2543	Id.	1892		2	R
2544	Id.	1893		1	R
2545	Id.	1893		2	R
2546	Id.	1894		1	R
2547	Id.	1894		2	R
2548	Id.	1895		1	R
2549	Id.	1895		2	N.R
2550	Id.	1896		1	N.R
2551	Id.	1896		2	N.R
2552	Id.	1897		1	N.R
2553	Id.				
2554	Id.				
2555	Id.				
2556	La Science pour Tous............	1888	33		R
2557	Id.	1889	34		
2558	Id.	1890	35		R
2559	Id.	1891	36		R
2560	Id.	1892	37		R
2561	Id.	1893	38		R
2562	Id. (manquent nos 23, 39).	1894	39		N.R
2563	Id. (id. nos 27, 36).	1895	40		N.R
2564	Id. (id. de 24 à 48).	1896	41		N.R
2565	Id.	1897	42	1 à 29	N.R
2566					
2567					
2568	L'Économiste français et le Journal des Économistes (Voir : *Economie politique*). Journal général de l'imprimerie et de la librairie en France (Voir : *Bibliographie*).				
2569					
2570					
2571					
2572					
2573					
2574					
2575					
2576					

— 72 —

NUMÉROS du catalogue	TITRES DES PUBLICATIONS	ANNÉES	TOMES	NUMÉROS	ÉTAT
2577					
2578					
2579					

IV. — Mémoires.

NUMÉROS du catalogue	TITRES DES PUBLICATIONS	ANNÉES	TOMES	NUMÉROS	ÉTAT
2580	Mémoires de la Société des sciences de Cherbourg...............	1892	28		R
2581	Bulletin de la Société impériale d'agriculture, sciences et arts de Douai..	1866-1869			R
2582	Bulletin de la Société d'agriculture, etc., de Douai................	1870-1885			R
2583	Mémoires de la Société d'agriculture, sciences et arts centrale du département du Nord (*Douai*).......	1885	1		R
2584	Id.	1886-1889	2		R
2585	Id.	1890-1891	3		R
2586	Id.	1891-1892	4		R
2587	Id.	1893			N.R
2588	Id.	1894			N.R
2589					
2590					
2591	Mémoires de la Société bourguignonne de géographie et d'histoire (*Dijon*).	1886	4		R
2592	Id.	1887	5		R
2593	Id.	1888	6		R
2594	Id.	1889	5		R
2595	Id.	1890	6		R
2596	Id. (*Histoire des Ducs de Bourgogne*)......	1891	4		R
2597	Id.	1892	8		R
2598	Id.	1893	9		R
2599	Id.	1894	10		R
2600	Id.	1895	11		R
2601	Id.				
2602	Id.				
2603	Id.				
2604	Id.				
2605	Mémoires de la Société des études japonaises, chinoises, tartares, indo-chinoises et océaniennes *(Paris)*....	1885	4		R
2606	Mémoires de la Société zoologique de France (Voir : *Bulletin de la même Société*) .	1888		1, 2, 3	N.R
2607	Id.	1890		4, 5	N.R

— 73 —

NUMÉROS du catalogue	TITRES DES PUBLICATIONS	ANNÉES	TOMES	NUMÉROS	ÉTAT
2608	Mémoires de la Société zoologique de France (Voir : *Bulletin de la même Société*)..	1891	4		R
2609	Id.	1892	5		R
2610	Id.	1893	6		R
2611	Id.	1894	7		R
2612	Id.	1895	8		N.R
2613					
2614					
2615					
2616					
2617					
2618					
2619					
	V. — Revues (des Sociétés, agricoles, coloniales, géographiques, scientifiques, littéraires, etc.)				
2620	Revue savoisienne (*Société florimontane d'Annecy*)..	1875-1879			R
2621	Id.	1880-1884			R
2622	Id. (*Petit format*)......	1885			R
2623	Id. (*manquent les n°s 8,9*)	1886			N.R
2624	Id. (id. les 9 derniers mois) ...	1887			N.R
	Revue de la Société de géographie de Tours (Voir : *Bulletin*).				
2625	Revue horticole des Bouches-du-Rhône (*Marseille*).....	1854	1		R
2626	Id.	1855-1856	2		R
2627	Id.	1856-1857	3		R
2628	Id.	1858	4		R
2629	Id.	1859	5		R
2630	Id.	1860	6		R
2631	Id.	1861	7		R
2632	Id.	1862-1864			
2633	Id.	1865	11		R
2634	Id.	1866	12		R
2635	Id.	1867	13		R
2636	Id.	1868	14		R
2637	Id.	1869	15		R
2638	Id.	1870	16		R
2639	Id.	1871-1878	17, 24		R
2640	Id.	1878-1892			
2641	Id.	1893		463	N.R

NUMÉROS du catalogue	TITRES DES PUBLICATIONS	ANNÉES	TOMES	NUMÉROS	ÉTAT
2642					
2643					
2644	Revue horticole (*Journal d'agriculture pratique*).....	1883			R
2645	Id.	1884			R
2646	Id.	1885			R
2647	Id.	1886			R
2648	Id.	1887			R
2649	Id.	1888			R
2650	Id.	1889			R
2651	Id.	1890			R
2652	Id. (*manquent les nos de 5 à 24*)	1891		1 à 4	N.R
2653					
2654					
2655	La France commerciale, industrielle et agricole (*Revue*).	1887		4	N.R
2656	Revue des cultures coloniales........	1897		1, 2	N.R
2657					
2658	Revue des colonies françaises anciennes et modernes............ (2 *ex.*).	1897		1	N.R
2659					
2660	Revue coloniale (*du Ministère des Colonies*)	1895		3, 5	N.R
2661	Id.	1896		2,4,5,7,12	N.R
2662	Id.	1897		1 à 27	N.R
2663					
2664					
2665					
2666	Revue des colonies et protectorats (*Paris*).....	1890		1, 2, 3	N.R
2667	Revue française de l'étranger et des colonies et Exploration. — Gazette géographique ...	1887		Incomplet	N.R
2668	Id.	1888	7	1er Se.	R
2669	Id.	1888	8	2e Se.	R
2670	Id.	1889	9	1	R
2671	Id.	1889	10	2	R
2672	Id.	1890	11	1	R
2673	Id.	1890	12	2	R
2674	Id.	1891	13	1	R
2675	Id.	1891	14	2	R
2676	Id.	1892	15	1	R
2677	Id.	1892	16		
2678	Id.	1893	17	Incomplet	N.R
2679					
2680	Revue de l'Extrême-Orient..........	1883	2		R
2681	Id.	1884	3		R
2682	Id.	1885			
2683					
2684	Revue diplomatique et coloniale (2 *ex.*)	1897		1	N.R
2685					

NUMÉROS du catalogue	TITRES DES PUBLICATIONS	ANNÉES	TOMES	NUMÉROS	ÉTAT
2686	Revue de géographie (*de Drapeyron*).	1877		1er,2eSe.	R
2687	Id.	1878		1	
2688	Id.	1878		2	R
2689	Id.	1879		1, 2	R
2690	Id.	1880		1, 2	R
2691	Id.	1881		1, 2	R
2692	Id.	1882		1, 2	R
2693	Id.	1883		1, 2	R
2694	Id.	1884		1, 2	R
2695	Id.	1885		1, 2	R
2696	Id.	1886		1, 2	R
2697	Id.	1887		1	R
2698	Id.	1887		2	
2699	Id.	1888		1, 2	R
2700	Id.	1889		1	R
2701	Id.	1889		2	R
2702	Id.	1890		1, 2	R
2703	Id.	1891		1, 2	R
2704	Id.	1892		1, 2	R
2705		1893		Incomplet	N.R
2706					
2707	Revue scientifique de la France et de l'étranger (*Revue rose*).	1882	30		R
2708	Id. (*2 ex.*)	1883	31		R
2709	Id. (*2 ex.*)	1883	32		R
2710	Revue scientifique (*Revue rose*) (*2 ex.*)	1884	33		R
2711	Id.	1884	34		R
2712	Id.	1885	35		R
2713	Id.	1885	36		R
2714	Id.	1886	37		R
2715	Id.	1886	38		R
2716	Id.	1887	39		R
2717	Id.	1887	40		R
2718	Id.	1888	41		R
2719	Id.	1888	42		R
2720	Id. (*2 ex.*)	1889	43		R
2721	Id.	1889	44		R
2722	Id.	1890	45		R
	Id.	1890	46		
2723	Id.	1891	47		R
2724	Id.	1891	48		R
2725	Id.	1892	49		R
2726	Id.	1892	50		R
2727	Id.	1893	51		R
2728	Id.	1893	52		R
2729	Id. (*manquent les nos 15, 21, 22*)....	1894	53		N.R
2730	Id. (*id.* 2, 3, 8, 20).	1894	54		N.R
2731	Id. (*id.* 1, 12).....	1895	55		N.R
2732	Id.	1895	56		R

NUMÉROS du catalogue	TITRES DES PUBLICATIONS	ANNÉES	TOMES	NUMÉROS	ÉTAT
2733	Revue scientifique (*Revue rose*) (manque le nº 22)...	1896	57		N.R
2734	Id.	1896	58		R
2735	Id.	1897	59		N.R
2736					
2737					
2738					
2739					
2740					
2741					
2742					
2743	Revue des sciences naturelles appliquées ou *Revue bi-mensuelle de la Société nationale d'acclimatation de France* (Complément au Bulletin mensuel de la même Société) (manquent les nºs 1, 3, 5, 6).............	1888			N.R
2744	Id. (Possède en double les nºs 1, 2, 5, 17. N.R).	1889			R
2745	Id.	1890		Incomplet nº 1.	N.R
	(Quelques monographies ont été publiées séparément ; elles ont été cataloguées aux paragraphes se rapportant à leurs titres).				
2746	Revue des travaux scientifiques	1881	1		R
2747	Id.	1882	2		R
2748	Id.	1883	3		R
2749	Id.	1884	4		R
2750	Id.	1885	5		R
2751	Id.	1886	6		R
2752	Id.	1887	7		R
2753	Id. (manquent les nºs 2, 3, 5, 6).	1888	8		N.R
2754	Id.	1889	9		
2755	Id.	1890	10		
2756	Id.	1891	11		R
2757	Id.	1892	12		R
2758	Id.	1893	13		R
2759	Id.	1894	14		R
2760	Id.	1895	15		R
2761					
2762					
2763					
2764					
2765					
2766	Revue mensuelle de l'École d'anthropologie (*Paris*)...	1896		1 à 11	N.R
2767	Id.	1897		1 à 7	N.R

— 77 —

NUMÉROS du catalogue	TITRES DES PUBLICATIONS	ANNÉES	TOMES	NUMÉROS	ÉTAT
2768					
2769					
2770					
2771	Revue critique d'histoire et de littérature.........	1886	21		R
2772	Id.	1886	22		R
2773	Id.	1887	23		R
2774	Id.	1887	24		R
2775	Id.	1888	25		R
2776	Id.	1888	26		R
2777	Id.	1889	27		R
2778	Id.	1889	28		R
2779					
2780	La grande Revue (Paris et St-Pétersbourg)	1890	1		R
2781	Id.	1890	2		
2782	Id.	1890	3		R
2783	Id.	1890	4		R
2784	Revue politique et littéraire (Revue bleue...........	1886	37		R
2785	Id.	1886	38		R
2786	Id.	1887	39		R
2787	Id.	1887	40		R
2788	Id.	1888	41		R
2789	Id.	1888	42		R
2790	Id. (2 ex.)......	1889	43		R
2791	Id.	1889	44		R
2792	Id.	1890	45		R
	Id.	1890	46		
2793	Id.	1891	47		R
2794	Id.	1891	48		R
2795	Id.	1892	49		R
2796	Id.	1892	50		R
2797	Id.	1893	51		R
2798	Id.	1893	52		R
2799	Id. (manque le no 26)	1894	53		N.R
2800	Id. (id. no 2)...	1894	54		N.R
2801	Id. (id. 9,10,11)	1895	55		N.R
2802	Id.	1895	56		R
2803	Id.	1896	57		R
2804	Id.	1896	58		N.R
2805	Id.	1897	59		N.R
2806					
2807					
2808					
2809					
2810					
2811					
2812					
2813	Revue des Deux-Mondes.............	1864	51		R

NUMÉROS du catalogue	TITRES DES PUBLICATIONS	ANNÉES	TOMES	NUMÉROS	ÉTAT
2814	Revue des Deux-Mondes	1872	97		R
2815	Id.	1872	98		R
2816	Id.	1872	99		R
2817	Id.	1872	100		R
2818	Id.	1872	101		R
2819	Id.	1872	102		R
2820	Id.	1873	103		R
2821	Id.	1873	104		R
2822	Id.	1873	105		R
2823	Id.	1873	106		R
2824	Id.	1873	107		R
2825	Id.	1873	108		R
2826	Id.	1874	1		R
2827	Id.	1874	2		R
2828	Id.	1874	3		R
2829	Id.	1874	4		R
2830	Id.	1874	5		R
2831	Id.	1874	6		R
2832	Id.	1875	7		R
2833	Id.	1875	8		R
2834	Id.	1875	9		R
2835	Id.	1875	10		R
2836	Id.	1875	11		R
2837	Id.	1875	12		R
2838	Id.	1876	13		R
2839	Id.	1876	14		R
2840	Id,	1876	15		R
2841	Id.	1876	16		R
2842	Id.	1876	17		R
2843	Id.	1876	18		R
2844	Id.	1877	19		R
2845	Id.	1877	20		R
2846	Id.	1877	21		R
2847	Id.	1877	22		R
2848	Id.	1877	23		R
2849	Id.	1877	24		R
2850	Id.	1878	25		R
2851	Id.	1878	26		R
2852	Id.	1878	27		R
2853	Id.	1878	28		R
2854	Id.	1878	29		R
2855	Id.	1878	30		R
2856	Id.	1879	31		R
2857	Id.	1879	32		R
2858	Id.	1879	33		R
2859	Id.	1879	34		R
2860	Id.	1879	35		R
2861	Id.	1879	36		R
2862	Id.	1880	37		R
2863	Id.	1880	38		R

NUMÉROS du catalogue	TITRES DES PUBLICATIONS	ANNÉES	TOMES	NUMÉROS	ÉTAT
2864	Revue des Deux-Mondes............	1880	39		R
2865	Id.	1880	40		R
2866	Id.	1880	41		R
2867	Id.	1880	42		R
2868	Id.	1881	43		R
2869	Id.	1881	44		R
2870	Id.	1881	45		R
2871	Id.	1881	46		R
2872	Id.	1881	47		B
2873	Id.	1881	48		R
2874	Id.	1882	49		B
2875	Id.	1882	50		B
2876	Id.	1882	51		B
2877	Id.	1882	52		B
2878	Id.	1882	53		R
2879	Id.	1882	54		R
2880	Id.	1883	55		R
2881	Id.	1883	56		R
2882	Id.	1883	57		R
2883	Id.	1883	58		R
2884	Id.	1883	59		R
2885	Id.	1883	60		R
2886	Id.	1884	61		R
2887	Id.	1884	62		R
2888	Id.	1884	63		R
2889	Id.	1884	64		R
2890	Id.	1884	65		R
2891	Id.	1884	66		R
2892	Id.	1885	67		R
2893	Id.	1885	68		R
2894	Id.	1885	69		R
2895	Id.	1885	70		R
2896	Id.	1885	71		R
2897	Id.	1885	72		R
2898	Id.	1886	73		R
2899	Id.	1886	74		R
2900	Id.	1886	75		R
2901	Id.	1886	76		R
2902	Id.	1886	77		R
2903	Id.	1886	78		R
2904	Id.	1887	79		R
2905	Id.	1887	80		
2906	Id.	1887	81		R
2907	Id.	1887	82		R
2908	Id.	1887	83		R
2909	Id.	1887	84		R
2910	Id.	1888	85		R
2911	Id.	1888	86		R
2912	Id.	1888	87		R
2913	Id.	1888	88		R

NUMÉROS du catalogue	TITRES DES PUBLICATIONS	ANNÉES	TOMES	NUMÉROS	ÉTAT
2914	Revue des Deux-Mondes............	1888	89		R
2915	Id.	1888	90		R
2916	Id.	1889	91		R
2917	Id.	1889	92		R
2918	Id.	1889	93		R
2919	Id.	1889	94		R
2920	Id.	1889	95		R
2921	Id.	1889	96		R
2922	Id.	1890	97		R
2923	Id.	1890	98		R
2924	Id.	1890	99		R
2925	Id.	1890	100		R
2926	Id.	1890	101		R
2927	Id.	1890	102		R
2928	Id.	1891	103		R
2929	Id.	1891	104		R
2930	Id.	1891	105		R
2931	Id.	1891	106		R
2932	Id.	1891	107		R
2933	Id.	1891	108		R
2934	Id.	1892	109		R
2935	Id	1892	110		R
2936	Id.	1892	111		R
2937	Id.	1892	112		R
2938	Id.	1892	113		R
2939	Id.	1892	114		R
2940	Id.	1893	115		R
2941	Id.	1893	116		R
2942	Id.	1893	117		R
2943	Id.	1893	118		R
2944	Id.	1893	119		R
2945	Id.	1893	120		R
2946	Id.	1894	121		R
2947	Id.	1894	122		R
2948	Id.	1894	123		R
2949	Id.	1894	124		R
2950	Id.	1894	125		R
2951	Id.	1894	126		R
2952	Id.	1895	127		R
2953	Id.	1895	128		R
2954	Id.	1895	129		R
2955	Id.	1895	130		R
2956	Id.	1895	131		R
2957	Id.	1895	132		R
2958	Id.	1896	133		R
2959	Id.	1896	134		R
2960	Id.	1896	135		R
2961	Id.	1896	136		R
2962	Id.	1896	137		R
2963	Id.	1896	138		N.R

— 81 —

NUMÉROS du catalogue	TITRES DES PUBLICATIONS	ANNÉES	TOMES	NUMÉROS	ÉTAT
2964	Revue des Deux-Mondes	1897	139		N.R
2965	Id.	1887	140		N.R
2966	Id.	1897	141		N.R
2967	Id.	1897	142		N.R
2968	Id.	1897	143		
2969	Id.	1897	144		
2970					
2971					
2972					
2973					
2974					
2975					
2976					
2977					
2978					
2979					
2980					
2981					
2982					
2983					
2984					
2985					
2986					
2987					
2988	La Nouvelle Revue	1886	38		R
2989	Id.	1886	39		R
2990	Id.	1886	40		R
2991	Id.	1886	41		R
2992	Id.	1886	42		R
2993	Id.	1886	43		R
2994	Id.	1887	44		R
2995	Id.	1887	45		R
2996	Id.	1887	46		R
2997	Id.	1887	47		R
2998	Id.	1887	48		R
2999	Id.	1887	49		R
3000	Id.	1888	50		R
3001	Id.	1888	51		R
3002	Id.	1888	52		R
3003	Id.	1888	53		R
3004	Id.	1888	54		R
3005	Id.	1888	55		R
3006	Id.	1889	56		R
3007	Id.	1889	57		R
3008	Id.	1889	58		R
3009	Id.	1889	59		R
3010	Id.	1889	60		R
3011	Id.	1889	61		R
3012	Id.	1890	62		R
3013	Id.	1890	63		

NUMÉROS du catalogue	TITRES DES PUBLICATIONS	ANNÉES	TOMES	NUMÉROS	ÉTAT
3014	La Nouvelle Revue	1890	64		R
3015	Id.	1890	65		R
3016	Id.	1890	66		R
3017	Id.	1890	67		R
3018	Id.	1891	68		R
3019	Id.	1891	69		R
3020	Id.	1891	70		R
3021	Id.	1891	71		R
3022	Id.	1891	72		R
3023	Id.	1891	73		R
3024	Id.	1892	74		R
3025	Id.	1892	75		R
3026	Id.	1892	76		R
3027	Id.	1892	77		R
3028	Id.	1892	78		R
3029	Id.	1892	79		
3030	Id.	1893	80		R
3031	Id.	1893	81		R
3032	Id.	1893	82		R
3033	Id.	1893	83		R
3034	Id.	1893	84		R
3035	Id.	1893	85		R
3036	Id.	1894	86		R
3037	Id.	1894	87		R
3038	Id.	1894	88		R
3039	Id.	1894	89		R
3040	Id.	1894	90		R
3041	Id.	1894	91		R
3042	Id.	1895	92		R
3043	Id.	1895	93		R
3044	Id.	1895	94		R
3045	Id.	1895	95		R
3046	Id.	1895	96		R
3047	Id.	1895	97		R
3048	Id.	1896	98		R
3049	Id.	1896	99		R
3050	Id.	1896	100		R
3051	Id.	1896	101		R
3052	Id.	1896	102		R
3053	Id.	1896	103		R
3054	Id.	1897	104		R
3055	Id.	1897	105		N.R
3056	Id.	1897	106		N.R
3057	Id.	1897	107		N.R
3058	Id.	1897	108		
3059	Id.	1897	109		
3060					
3061					
3062					
3063					

NUMÉROS du catalogue	TITRES DES PUBLICATIONS	ANNÉES	TOMES	NUMÉROS	ÉTAT
3064					
3065					
3066					
3067					
3068					
3069					
3070					
3071					
3072					
3073					
3074					
3075					
3076					
3077					
3078	Revue indo-chinoise illustrée	1893		1, 2, 3	N.R
3079	Id.	1893		4, 5, 6	N.R
3030	Id.	1893		7, 8, 9	N.R
3061	Id.	1893		10, 11, 12	N.R
3082	Id.	1893		13, 14, 15	N.R

TABLE DU CATALOGUE

Ire Partie

LIVRES EN FRANÇAIS DE LA FRANCE ET DE SES COLONIES

	Pages.
Agriculture. *a.* — Généralités.	1
b. — Animaux. — Bétail. — Apiculture. — Pisciculture. — Sériciculture.	3
c. — Arbres. — Bois. — Forêts. — Sylviculture	5
d. — Habitation	5
e. — Jardins. — Horticulture. — Fleurs. — Fruits.	6
f. — Plantes. — Arbustes. — Cultures industrielles.	6
g. — Sol et Engrais.	7
Armée. — Marine. — Guerres. — Expéditions.	8
Bibliographie.	8
Commerce. — Douanes. — Expositions. — Voies de communications. — Postes et télégraphes.	10
Économie politique.	11
Administration. — Budgets. — Comptes. — États. — Procès-verbaux. — Rapports. — Statistiques.	13
Législation.	16
Encyclopédies. — Dictionnaires. — Mélanges.	17
Géographie. *a.* — Atlas. — Cartes.	19
b. — Indo-Chine *(Cochinchine. — Annam. — Tonkin. — Cambodge. — Indo-Chine en général.*	19
c. — Colonies françaises *(autres que l'Indo-Chine)*	22
d. — Géographie générale. — Voyages. — Missions. — Explorations.	23
Histoire. — Archéologie. — Biographie.	24
Industries. extractives et alimentaires	25
manufacturières et mécaniques	25
Littérature. — Philosophie. — Religion. — Enseignement.	26
Sciences *(Botanique. — Chimie. — Physique. — Minéralogie. — Géologie. — Médecine. — Photographie. — Catalogues,* etc.)	27

2e Partie

PUBLICATIONS ÉTRANGÈRES EN FRANÇAIS

Livres et Périodiques.

	Page.
Actes, Annales, Bulletins, etc., publiés en Belgique, au Chili, en Egypte, etc.	29

3e Partie

PUBLICATIONS EN LANGUES ÉTRANGÈRES

Livres et Périodiques.

	Pages.
Allemand	31
Anglais *(Angleterre et ses colonies, Siam, Japon, etc.)*	32
Annamite	35
Cambodgien	36
Chinois	37
Espagnol	38
Hollandais *(Hollande et ses colonies)*	40
Italien	44
Japonais	45
Malais	46
Portugais	46-38
Siamois	46
Suédois	46
Taï	46

4e Partie

PÉRIODIQUES DE LA FRANCE ET DE SES COLONIES

	Pages.
I. — Actes. — Annales. — Annuaires. — Archives. — Comptes rendus. — Chroniques	48
II. — Bulletins des Sociétés correspondantes *(les noms des villes se suivent par ordre alphabétique)*	52
III. — Journaux *(agricoles, géographiques, judiciaires, littéraires, politiques, scientifiques, etc.)*	65
IV. — Mémoires	72
V. — Revues *(des Sociétés, agricoles, coloniales, géographiques, scientifiques, littéraires, etc.)*	73

Le Bibliothécaire,

PÉRALLE.

IMPRIMERIE COMMERCIALE REY. — SAIGON.

www.ingramcontent.com/pod-product-compliance
Lightning Source LLC
LaVergne TN
LVHW050558090426
835512LV00008B/1223